発達障害のある生徒・学生への
コミュニケーション支援の実際

修学から就職後の支援まで

西村優紀美［編著］

金子書房

まえがき

　本書は，思春期から青年期の発達障害のある学生，特に自閉スペクトラム症（ASD）や注意欠如・多動症（ADHD）に対するコミュニケーション支援の意義とその在り方について，さまざまな分野からのアプローチを実践集としてまとめたものです。

　コミュニケーションに関しては，「支援者は学生といかにコミュニケーションを図るか」という視点があります。この考え方は，コミュニケーションの問題を学生だけに帰属させるのではなく，学生と支援者の関係性に目を向け，支援者もコミュニケーションのパートナーとして，どのような態度やコミュニケーションの取り方をするのかが問われることになります。つまり，学生のコミュニケーション能力を育むときに，まずは支援者が自分自身のコミュニケーションの在り方を振り返る必要があることを意味しています。

　本書では，学生－支援者間のコミュニケーションに関して，支援者側の考えや解釈だけがクローズアップされることのないようにと，なるべく俯瞰的な表現をしたいと考え，発達障害のある人の語りを多く取り入れています。彼らの言葉から，支援者は自分自身のことを振り返り，見つめ直すことができるからです。

　発達障害のある学生の支援において，学生と支援者との対話は非常に重要な意味を持ちます。対話では，学生と支援者のそれぞれの思いや考えが二者間で共有されますが，大切なのはそれぞれが語る言葉の意味が，相手に正しく伝わっているということです。学生の表現に関して支援者の早合点や思い込みによる意味の取違いをしてしまわないようにしなければなりません。つまり，学生が表現する「言葉の意味」を大切にし，対象となる学生に合った対話方法の工夫をする必要があるのです。学生が一つの考え方に固着し不安を抱えていたとしても，支援者はそれを無理に変容させようとはせず，彼らの感じ方や不安に丁寧に耳を傾け続けます。このような対話の中で，学生は対話の相手である支援者を自分にとって意味のある人として認識し，二者間のコミュニケーションに積極的な関心を持っていくのだと思います。

　大学生は青年期から成人期に移行する発達段階にいて，自我と社会との相互関係の中で生起する心理・社会的危機に対して，人間関係や進学，就職，さらには人生観・価値観形成に至るまで，さまざまな場面で自己判断，自己決定が求められる時期でもあります。私たち大学関係者は，「青年期の発達保障」を念頭に置いて，障害のある学生の心理的成長・人間的成熟を援助し，大学および社会への適応を援助する役割を担っていることを忘れてはなりません。

　発達障害のある大学生との対話は，現在の困りごとに焦点を当てていますが，語りは現在から過去のできごとの語りに移っていく場合があります。うまくいくことが少なかった過去のつらい記憶が，今の自分を苦しめることもありますが，「今，確かにできている」という事実が，彼らのネガティブな自己認知を，肯定的な自己像に敷き直してくれます。出来事の語りが，アイデンティティの語りへと変わっていく対話が展開されていると思います。

卒業年度には，職業人としての未来の自分を思い描きながら，自己分析や企業分析を行っていく必要があります。自分にとってより良い環境を作っていくための「セルフ・アドボカシー・スキル」の獲得も重要なテーマであり，個別面談での対話は青年期の発達課題を達成するための大切な場であると言えます。

　発達障害者に対する社会的コミュニケーション支援は多くの専門家によって行われ，その実践は数多く出版されています。特に，青年期から成人期の発達障害の特性がある人を対象にした書籍は，具体的なノウハウを紹介しているものがあり，実践の参考になっています。その中でも具体的な場面での行動レベルでのお手本は，大学の授業やゼミ，サークルでのコミュニケーションに不安を持っている学生に対しては，非常に参考になっているようです。ただ，具体的なノウハウを紹介する書籍の場合，その通りにすれば必ずうまくいくと思ってしまい，それがうまくいかなかったときに，さらに大きな不安を持つことにもつながりかねません。また，社会的コミュニケーションの支援は，スキルの伝授だけでは完成しません。そのことを，だれとどのような場で行うかが大切になります。

　本書が，発達障害のある高校生・大学生にとって，また，教育・支援に携わる専門家にとって，コミュニケーションを拡げるヒントになることを願っています。

編者　西村優紀美

目　次

第1部

高等教育機関における
発達障害のある学生支援

——富山大学の実践から

第1章

富山大学における
発達障害のある学生支援

1. はじめに

　2020年度初めの新型コロナウイルス感染症の拡大は，大学における学びの形を根底から揺るがしました。新入生は，大学に合格したものの入学式は中止。授業も2週間遅れで始まり，すべてオンライン授業となりました。新入生にとって大学の構内に足を踏み入れたのが，学科ごとのオリエンテーションと健康診断のみで，直後に構内立ち入り禁止となってしまいました。もちろん，在学生も構内に入ることができませんから，実験や研究，サークルもすべて中止になりました。

　学生へのカウンセリングや修学支援も，対面による面談はできなくなり，オンラインでのカウンセリングや面談になりました。このような状況に戸惑ったのは学生だけでなく，教職員も同じでした。学生への連絡やオンライン授業の準備など，授業開始までの短期間にたくさんの準備をする必要がありました。

　障害のある学生支援を行うアクセシビリティ・コミュニケーション支援室（以下，支援室）では，新入生への初回面談はかろうじて対面で行うことができ，支援に関する方針を確認することができました。在学生への連絡は電話やメールで行い，履修登録やオンライン授業の手続きなどの確認や精神面の確認を行うことに忙殺されました。一年前には想像もしていなかった事態に直面して，従来からの歴史を積み上げてきた相談体制では十分に対応できないことが起

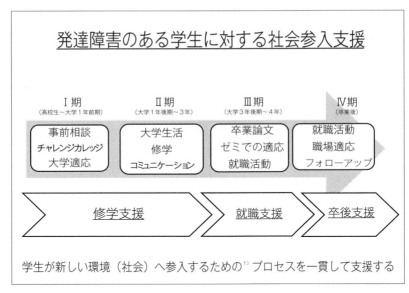

図1-1　発達障害のある学生に対する社会参入支援

きていることを実感しました。

　富山大学は 2007年度より発達障害のある学生の支援を開始しました。図1-1 のように，大学入学前から希望する高校生への情報提供を行い，入学後は，修学やコミュニケーション支援等の大学生活全般に係る支援を，後半になると，卒業論文やゼミでの適応，就職活動の支援が始まり，卒業後も継続して就職活動をする卒業生の面談を行っています。また，就職した卒業生に対しては，本人の希望があれば，フォローアップ支援を行っています。大学における支援とは，「学生が新しい環境（社会）に参入するためのプロセスを一貫して支援する」というミッションに基づいているからです[1]。

　発足当時から大切にしてきたのは，学生との対面による面談でした。修学支援を支援の目的としながらも，同時にコミュニケーション支援も行うことを目標に置いてきたので，今回はその基本的な支援スタイルが崩れてしまうことに大きな不安を感じつつも，最も混乱しているのは学生であり，こういうときこそ，状況にあった支援スタイルに柔軟に変化させていくことが大切だと感じました。発達障害のある学生は，般化の困難さやこだわり等の特性により新奇場面への適応が難しいと言われています。先が見えない現状と，いつもと違う環境，決定事項が刻々と変わっていく日々によって，私たち支援者も先が見えない不安を感じ，これまでの日常ではないことに混乱し，あたかも発達障害のある学生の日常を疑似体験しているような感覚を持ちました。

　この経験は，改めて私たちが大切にしている対話の意味を考えるきっかけになりました。学

生相談の領域に障害のある学生支援という新しい領域が加わり，大学の学生支援体制の変革を余儀なくされた10年前と同じような考え方の変換を求められているのだと思います。この先の10年間の学生支援を考える意味でも，ここでは，富山大学で行ってきた発達障害のある学生支援の現状について述べていきたいと思います。

２．障害のある学生支援の現状

　2019年度の日本学生支援機構の調査[2]によると，大学・短大・高等専門学校に在籍する全学生（3,214,814人）に占める障害のある学生の在籍率は1.17％（37,647人）でしたが，10年前の2009年は全学生（2,734,896人）に占める障害のある学生の在籍率は0.22％（7,103人）でした。この10年間の大学に進学する学生の増加も影響していますが，障害のある学生の大学進学が非常に多くなっていることに気づかされます。障害のある学生が入学するということは，必然的に大学環境の整備をしなければなりません。たとえば，身体障害のある学生が入学し，車椅子を利用して移動する場合，構内のアクセス状況を調査し，段差の解消のための修復を行ったり，スロープやエレベーターを設置したりするなど，早急にバリアフリー化を図る必要があります。富山県は冬になると積雪によりアクセス確保が難しくなるため，学生ピア・サポーターが駐車場から校舎への動線を確保するために雪かきをします。授業時間に間に合うように早朝から雪かきをして，車椅子ユーザーの学生が遅刻することなく教室まで移動できるように移動介助をします。学びのフィールドにたどり着くための支援を行うのです（写真1-1，1-2）。

　また，授業を受ける際に，個々の障害に対応した合理的配慮を提供する必要も出てきます。たとえば，聴覚障害のある学生が入学した場合，磁気ループ補聴システムやＦＭ式補聴器など

写真1-1　車椅子ユーザーの移動介助

写真1-2　身障者用駐車場の除雪をするピア・サポーター

の機器を準備したり，パソコンノートテイクを導入したりするなどの配慮を行い，そのことを授業者にも理解してもらう必要があります（写真1-3）。

写真1-3　パソコンノートテイク

　このように，障害のある学生も他の学生と同じようにすべての教育活動に参加できたり利用できたりすることが障害のある学生への支援の基本となります。アクセシビリティの確保は，障害者の権利保障をめぐる動きを背景として，日本だけでなく国際的にも重視されています。2016年に障害者差別解消法が施行されたことを機に，大学における障害のある学生支援は権利保障として大きく動きだしました。

　それでは，発達障害のある学生の支援はどうでしょうか。ここでは，自閉スペクトラム症（ASD），注意欠如/多動症（ADHD），限局性学習症（SLD），発達性協調運動症（DCD）の障害特性のある大学生を発達障害大学生と表記します。

　発達障害のある大学生がキャンパスライフにおいて抱える問題は多岐にわたります。特に，自閉スペクトラム症の学生は社会的コミュニケーションに係る困難さと般化の問題があり，そのことを起因とする社会生活での問題は日常的にあると言われています。たとえば，大学に入学した直後の新しい生活様式への適応が最初のハードルになります。環境の変化は，情報の出入力の変化をもたらし，それに対応できずに，今までできていたこともできなくなるということは起こりうることで，これまでと異なる生活スタイルに適応し，これまでと同じように行動をすることが難しいという「般化」の問題に起因すると考えられます。そのほかにも，教員により異なる授業形態への適応や，日常生活と学修に係わるスケジュール調整が最初のハードルになります。進級するとゼミに所属し，狭い人間関係の中で研究を進めていかなければなりません。実験や実習がある学部は，グループワークが多くなってきます。大学生活の後半は，卒業研究のほかに就職活動も並行して行うなど，4年間の大学生活は一年ごとに新しい課題が生まれてくるといった印象があります。

　就職活動につながるキャリア教育は，対象となる学生自身の考え方と環境を踏まえた上で行う必要性があります。たとえば，住む地域をどこにするのか，どのような働き方を選択するかなど，将来の自己像をイメージしながら，働くことの意味を考えていく必要があります。その上で，いつ頃から，どのように就職活動を行うのかを話し合っていきます。また，就職が決まったらそれでよいということではなく，働き続けるための支援が必要になる卒業生もいますし，総合的に考えて別の職種への転職が必要な人もいます。総合的に考え，判断することが難しい場合が多いので，学生と一緒に検討する支援が必要になってくる場合もあります。発達障

害のある学生の社会参入を支援するということは，これらの極めて多様な課題に向き合うことであることをここで確認しておきたいと思います。

　大学における発達障害のある学生に携わる支援者は，専門職としての支援コーディネーターに限定されるわけではなく，教務担当の事務職員，学部教員，授業担当教員，医師，臨床心理士，公認心理師，ソーシャルワーカー等，多職種の有機的な連携が必要とされます。このような，多様で複雑で機能分化があいまいなところが多い支援活動を有効に組織化し，日々の活動を行いつつ改善していくためには，一対一の関係性の中で悩みが解消していくという心理相談の理論を現場へ当てはめるという考え方だけでは役に立たないことが多いと思われます。その一方で，発達障害のある学生支援は，さまざまなニーズを持つ学生の人間的成熟を援助する心理教育的アプローチが重要な役割を果たしています。吉武は，「学生相談は大学教育の一翼であり，教職員と連携して学生の心理的成長・発達（人間的成熟）を援助し，大学および社会への適応を支援するものである」[3]と言い，いつの時代にもある学生期（学年進行に伴うステージ）の悩みに関わる相談，学生期のアイデンティティをテーマとした不安定な心理的状態を支えるものとして，学生相談は重要な役割を担っていると述べています。

　現実的には，支援体制を充実させつつ，個の支援としての学生相談の有用な側面を取り入れ，有効に機能する総合的な学生支援システムを構築していくことが，発達障害のある学生だけではなく，すべての学生の支援にとって重要であるといえます。

3．支援の前提となる考え方

　障害のある学生支援は，個々の学生に対する合理的配慮の提供だけをするのではなく，大学教育の理念・目標を達成するための教育環境の整備等，すべての学生が学びやすい環境を整えることが必要です。文部科学省の「障害のある学生の修学支援に関する検討会報告（第二次まとめ）」[4]には，いくつかの参考になる観点が示されています。たとえば，「不特定多数の障害者のニーズを念頭に，あらかじめ，施設・設備のバリアフリー化や学内規定，組織等を含むハード面・ソフト面での環境の整備（事前的改善措置）を行うことが有効である」としています。また，「障害のある学生に提供する教育については，まずは，その変えることのできない本質の確認が必要である」とし，「3つの方針（アドミッションポリシー，カリキュラムポリシー，ディプロマポリシー）やシラバス等の明確化・公開により，教育の本質を公開する」ことが挙げられています。これらに明記されている教育の本質を変えることなく，提供方法を調整するとともに，授業内容や教科書，資料等へのアクセシビリティを確保することで，すべての学生が同等の条件で学ぶことができるようになることが重要です。障害のある人が平等な社会参加の機会を得るための法的権利保障，つまり，平等な参加と競争になるように勝負の土俵を整えるための支援です。

　障害のある学生への支援には，もう一つの大切な観点があります。それは，青年期に至る障

害のある学生に対する発達保障の観点であり，青年期に特有の心理的成長・発達を援助するということです。この発達保障という観点は，高等教育機関で学ぶすべての学生に向けて，個性の尊重や青年期のアイデンティティの確立を目指すものになります。特に，障害のある学生が自分自身の特性を知り，環境をどのように整える必要があるのか，自分自身のニーズに応じた合理的配慮をどのように大学に伝えていくのかを知ることも，大切な心理教育的援助です。時間をかけ，繰り返し話し合う中で，成長する学生の姿を何人も見てきました。学生一人ひとりの成長は，一つひとつの物語を眺めるような印象があります。学生の成長のプロセスをたどれば，過去に支援した学生の物語を鮮明に思い出すことができます。

4．障害のある学生への合理的配慮

　障害のある学生への支援を行う上で，まずはその法的根拠となるところを理解しておく必要があります。国際連合の「障害者の権利に関する条約」の締結に向けた国内法制度の整備の一環として，すべての国民が，障害の有無によって分け隔てられることなく，相互に人格と個性を尊重し合いながら共生する社会の実現に向け，障害を理由とする差別の解消を推進することを目的として，2013年6月，「障害を理由とする差別の解消の推進に関する法律」（いわゆる「障害者差別解消法」）が制定され，2016年4月1日から施行されました[5]。この法律では，障害を理由とする差別を解消し，障害のある人から配慮を求める意思の表明があった場合には，社会的障壁を取り除くために合理的配慮を提供することが求められています。

　文部科学省（2017）の検討会報告（第二次まとめ）では，高等教育段階における障害のある学生支援の在り方について基本的な考え方と対処法，教育方法や進学・就職等，大学が取り組むべき内容や留意点が示されています（図1-2）。

　合理的配慮の内容の決定手順として，まずは学生自身からの支援に関する意思の表明が必要

```
1. 障害のある学生からの申し出
   ・障害のある学生からの意思の表明
   ・申し出がない場合も、必要な情報や自己選択・決定の機会を
     提供する
   ・障害の状況の適切な把握（以下の根拠資料を複合的に勘案）
       ・障害者手帳、診断書、心理検査結果、専門家の所見、個別の教育
         支援計画等
       ・本人自らの障害の状況を客観的に把握・分析した説明資料
2. 障害のある学生と大学等による建設的対話
3. 決定内容の検討
   ・教育の目的・内容・評価の本質に障害のある学生を排除する
     ものになっていないか
4. 決定された内容のモニタリング
   ・合理的配慮の内容の妥当性の評価、内容の調整
```

図1-2　合理的配慮の内容の決定手順（文部科学省，2017 を参考に作成）

となります。

　図1-2 に示したような流れで行われるのですが，第二次まとめには，「これらの手順は一方向のものではなく，障害の状況の変化や学年進行，不断の建設的対話・モニタリングの内容を踏まえて，その都度繰り返されるものである」[4]と明記されています。また，たとえ学生からの申出がない場合においても，「大学は日頃から学生個々の（障害）特性やニーズの把握に努めること，障害のある学生自ら社会的障壁を認識して正当な権利を主張し，意思決定や必要な申出ができるように，必要な情報や自己選択・決定の機会を提供することなどに取り組むことが望ましい」[2]としています。図1-2 の中にある「建設的対話」とは，「障害のある学生本人の意思を尊重しながら，本人と大学等が互いの現状を共有・認識し，双方でより適切な合理的配慮の内容を決定するための話し合い」と定義づけています。つまり，本人からの申し出がなければ，何もしないでよいということではなく，大学は支援ニーズがあると思われる学生に対し，積極的に話し合いの場をつくっていく必要があるということになります。

　原則として，学生からの申出に際しては，障害の状況を適切に把握するための根拠資料が必要になってきます。根拠資料として挙げられているのは，障害者手帳，診断書，標準化された心理検査等の結果，専門家の所見，入学前の支援状況に関する資料等ですが，すべてが必要であるとしているわけではありません。特に，高等学校まで受診する必要がないまま大学まで進んできた学生は，診断を受けるために受診するということ自体が想定外のことです。第二次まとめでは「学生本人に社会的障壁の除去の必要性が明白であると現認できる場合には，資料の有無にかかわらず，合理的配慮の提供について検討することが重要である」[4]としています。発達障害のある学生の場合，その特性上，修学上の困難さを言葉で表したり，自分に必要な配慮を適切に伝えたりすることが苦手なことが多いため，支援者は学生からの申出がない場合も，適切と思われる配慮を提案するために当該学生と話し合い，学生が適切な支援要請ができるように，「意思表明を支援する」という考え方を採用する必要があります。

　学生と大学の支援者との建設的対話の在り方は非常に重要です。もっとも大切なことは，障害のある学生と支援者が一緒にどのような工夫や配慮が必要なのかを考えていくという態度です。決定した配慮内容は，それが学生の学びを保障するものでなければ当該学生にとっての合理的配慮であるとは言えません。障害特性だけで判断するのではなく，学生の成育歴，学生を取り巻く周囲の環境，学生の過去の経験等を包括的にアセスメントした上で，目の前にいる学生のニーズを探っていく必要があります。

　学生と教職員との対話の場は，重要な意味を持っています。修学や実習支援のなかで「語る機会を持つ」，「自分の特性や必要な配慮を知る」等の経験の場を保障することは大切で，このような対話の中で，学生が自身の特性を知り，対処法を検討し，やがては自分に必要な支援を求めることができるようになっていきます。図1-3 に示すように，自己理解のプロセスとは，「私にはどういう特性があり，どのような配慮があれば，他の学生と平等な学びのフィールドに立つことができるか」ということを，学生自身が考えるプロセスのことをいいます。大学の

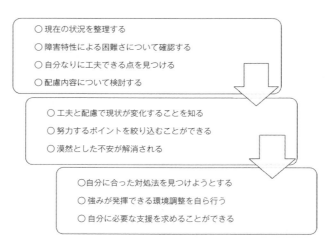

○ 現在の状況を整理する

○ 障害特性による困難さについて確認する

○ 自分なりに工夫できる点を見つける

○ 配慮内容について検討する

○ 工夫と配慮で現状が変化することを知る

○ 努力するポイントを絞り込むことができる

○ 漠然とした不安が解消される

○ 自分に合った対処法を見つけようとする

○ 強みが発揮できる環境調整を自ら行う

○ 自分に必要な支援を求めることができる

図1-3　対話による自己理解のプロセス

関係者と学生との対話は，学生の自己理解を促進する機会として，重要な意義があると言えます。

5．富山大学における発達障害のある学生支援

　富山大学では2007年に，障害のある学生の修学支援と就職支援を一体的に行う専門部署として，学生支援センターにアクセシビリティ・コミュニケーション支援室を設置しました。筆者は当初は保健管理センターの教員としてカウンセリングを希望する学生の個別面談を行っており，神経性無食欲症や不安症，強迫症などの症状がある学生の心理面接が中心でした。心理面接は守秘義務があるので，基本的にはカウンセラーと学生との一対一の関係の中で行われる対話であり，そのような関係性の中で学生は安心して心の内を吐露できるのでした。
そのような中で，2007年文部科学省の「新たな社会的ニーズに対応した学生支援プログラム」に応募し，「『オン』と『オフ』の調和による学生支援─高機能発達障害傾向を持つ学生への支援システムを中核として」をテーマに採択され，富山大学の発達障害のある学生の支援が本格的に始まりました。保健管理センターで行う通常のカウンセリングではなく，発達障害の特性による修学上の困りごとを解消するための相談支援部署として「アクセシビリティ・コミュニケーション支援室」が設置されたのです。支援室のミッションは，「発達障害のある学生が，大学や社会の財産として広く認知され，彼らの持つ豊かな才能が社会全体の発展に寄与することを念頭に，彼らが日々体験している『生きにくさ』を軽減し，彼らの持つ能力，個性が開花できるような環境へのアクセスを保証する」ことにあります。
　発達障害のある学生の支援を始めるにあたって，最も大切にしたことがあります。それは，対人的コミュニケーションの障害がある人の支援では，支援者が彼らと誠実に向き合い，彼ら

の思いや考えを正しく受け止める姿勢を持つということでした。それは，学生と支援者との対話そのものが，コミュニケーション支援の場として機能しているという自覚を持つことでもあります。そして，学生と支援者が修学支援の目的を正しく共有し，その実現のためにお互いの知恵を出し合い，一緒に試行錯誤を繰り返しながらより良い対処方法を考えていくという関係性を創り上げていくことも重要なポイントでした。この関係性が，彼らのコミュニケーション支援につながっているという自覚を大切に，支援を展開してきました。

　支援室では学生からの申出だけが出発点でなく，授業担当教員や学部教職員，家族からの相談から始まることもあります。その際も，学生との面談を行い，可能な範囲でアセスメントを行います。多くの場合，修学上の困りごとを主訴として面談が開始されるので，学生は定期的に支援室に訪れ，支援者と共に問題の解決策を考えます。必ずしも「医学的診断」があることが支援の条件ではないので，診断がない学生も支援室を利用することができます。診断がない学生には，支援者が本人への聴き取りや保護者からの生育歴や相談歴の聴き取り，行動観察等の大まかなアセスメントを行い，発達障害の特性による困りごとが想定された場合，個別の支援を開始します。学生が抱える問題の中で，学生本人ができる工夫や対処方法を見つけていくことで解決することもあるのですが，困りごとが障害特性に起因する場合，病院受診を勧め，医学的診断や心理検査等の結果を根拠に「合理的配慮の内容」の検討を行うことになります。

　このように，富山大学では，①医学的診断の有無にこだわらず，修学上の困難さが，特性によるものであると想定される学生を支援の対象にして，修学上の困りごとへの解決策を見つける個別支援と，②コンプライアンスに基づき，医学的診断書や各種心理検査の結果及び入学前の支援状況を根拠とした合理的配慮の提供，という二通りの支援方略を並列的に行っています。学生の状況によっては，たとえ診断があっても個別支援だけで修学上の困りごとが解決する場合もあり，必ずしも合理的配慮を求める必要がない学生も多くいます。病院受診に関しては，非常にデリケートなことがらを含んでおり，そのことを来室の条件にすることで，問題解決から遠ざかってしまう学生もいます。そのためとりあえず修学上の困りごとへの個別支援を行い，その中で学生に特性への気づきを促し，病院受診の必要性に納得した場合，病院受診を勧めています。

6．発達障害のある学生に対する包括的支援

　修学支援に関しては，学部教職員や他の支援機関と連携する必要があります。発達障害のある学生には，支援の方法を説明し，支援に必要な情報（障害特性，修学上の困難さ，合理的配慮に関する内容）に関しては支援室と学部教職員が共有することを伝えます。仮に，学生が情報共有を望まない場合は，基本的には合理的配慮の提供はできないことを学生に伝えます。

　個別支援は，図1-4 にある内容で，週一回，「スケジュール管理のサポート」や「修学状況の確認」，「学習場所の確保」など，学ぶ前提となる自己管理に関する話をしていきます。「教職

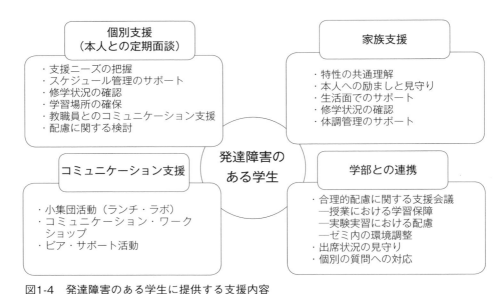

図1-4　発達障害のある学生に提供する支援内容

員とのコミュニケーション支援」と「配慮に関する検討」は，何らかの特別な配慮の必要性が
出てきたときに行われる内容になります。

　コミュニケーション支援は，個別支援をしている学生に声をかけ，クローズドで行っていま
す（第6〜7章参照）。「ランチ・ラボ」は毎週水曜日の12：00〜13：30 に開催しています。
コミュニケーション・ワークショップは不定期に行い，非言語的コミュニケーションを楽しみ
ます。ピア・サポート活動は，身体障害のある学生の移動介助やパソコンノートテイクをしま
す。同年齢の仲間との対等な関係性を経験する場となっています。個別支援における支援者と
学生との関係は，「支援する側―支援される側」という二者関係になりますが，コミュニケー
ション・ワークショップやピア・サポート活動では，相互に主体的な関係性の中で生まれる対
等性に大きな意味があります。

　個別性の高い発達障害のある学生への支援を効率的に行うための工夫はチーム支援にありま
す。図1-5 に示した修学に係わる関係者が，一人の学生への支援を1つのプロジェクトと見な
し，それぞれの役割や専門性をうまく支援の中で発揮することで効率的な支援が展開できると
いう考え方です。このようなチーム支援の場では，個人が持っている「知識」が，組織として
の「知識」となることが重要であり，「組織知」

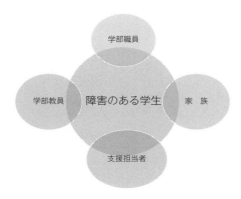

図1-5　プロジェクト型チーム支援

として蓄えられ，それを障害のある学生の修学に有効利用することが重要になってきます。知識とは，それが独立して存在し得るものではなく，つねに人々によって共有される文脈としての「場」に埋め込まれた形で存在するという考え方が基盤にあります[6]。

7．支援の開始にあたって——支援者の態度

　個別支援を開始するにあたって，学生には支援内容・支援方法に関する説明を行い，同意を得るようにしています。支援契約を取り結ぶイメージです。修学状況を確認するために，定期的に支援室での面談に来ることが最初の約束です。学生に，「困ったときに支援室に来てください」と言っても，なかなかタイミングよく相談に来ることができないようです。ある学生は，「授業中に困ることがあったのですが，授業が終わったら困っていないので支援室には連絡しませんでした」と言います。

　しかし，授業が始まると，同じことで困る状況になるのです。これでは問題はいつまでたっても解消しません。定期面談の場合，一週間の修学状況を振り返る中で，困りごとを話すチャンスができます。

　困りごとに関しては，学生自身が工夫することで問題が解消する場合があります。障害特性による困りごとは，合理的配慮の申請をすることで解消する場合があります。そのときは，支援者との二者関係の中では解決できないので，学部あるいは学科の教職員と情報共有をする必要があるため，学生は学部教職員との情報共有の範囲と，提供する情報の範囲を決める必要があります。

　大学支援者と学生との面談は，支援に関する確認事項が多くなってしまうものの，本質的には，大学と学生との関係性をより良いものにし，適切な学びの環境を整えていくための対話の場でもあります。障害のある学生支援担当者は，発達障害の特性を熟知し，彼らが相談しやすい支援者，専門性を携えた支援者であるために研鑽を重ねていく必要があります。

　学生との面談で重要なことは，彼らの語りによって描かれる状況をできる限り事実に沿った語りとなるような「支援者の聴き方」です。たとえば，学生が教員にきつく叱責されたと思い，途方に暮れている場合，支援者は学生がそう感じた気持ちを受け止めつつも，そのままの文脈で判断するのではなく，丁寧に周辺の状況を聴き取っていく必要があります。どのようなときも，学生との対話では支援者がニュートラルな態度で学生の語りを聴き，学生の考えを整理していくという態度が大切であり，学生が支援者の態度や感情に左右されることなく，正確に語ることができるような雰囲気を漂わせ，学生との対話に臨むことが大切です。

8．実行を支える支援——行動に焦点化された対話

　大学における支援の特徴は，発達障害のある学生の社会的コミュニケーションの障害や実行

機能の障害を念頭に置いた「実行を支える支援」が支援の中核となることです[7]。定期的に面談を続けていくと，学生は支援者との直接的な対話を経なくても，自分で思考を巡らし，対処法を考え，自らの判断で配慮を求め，動くことができるようになります。そして定期面談の内容は，「一緒に考える」という段階から，「学生が考えた（行った）対処法について振り返り検討する」段階に進んでいくのです。このような変容の中で，定期面談そのものの回数が減っていき，週一回の定期面談が隔週になり，月に一度へと変化していきます。そして，最終的には，「困ったときに相談に訪れる」というところに落ち着くことによって，学生は自律的な学生生活を送ることができているという現実に大きな自信を持っていくこととなります。

　修学上の問題は減少して面談の必要性はなくなっていきますが，ゼミの所属や卒業研究など，新しい学修環境になると，その中での新しい行動を求められます。その都度，面談が行われることになりますが，環境が整ってくると，再び，自ら動き出すことができるようになっていきます。

　このようなプロセスの中で，自身の障害特性を客観的に眺めることができるようになる学生は多いです。対話の内容は，障害受容や自己理解に関する自己物語に変化していくのです。支援室では基本的には心理面接は行わない方針ですが，修学支援を通して自己を見つめる段階に至った学生に対しては，その流れの中で自己物語に耳を傾けることも重要な支援であると考えています。過去の自己物語は苦しみを伴い，感情が揺さぶられることもありますが，支援者との安定的な関係性の中で，過去の出来事の認識が形を変えていくことも多いと思います。それが可能になるのは，「今，できていること」が確実にあり，いくつもの成功体験があるからです。ある学生は，「これまでは頑張っても良い結果になったことがなかった。考える前にパニックになっていたけど，今はその予感がする瞬間がわかってきました。そんなとき，考えをノートに書きだし，優先順位を番号でつけると，自然に気持ちが落ち着いてきます。メモ帳は私の必需品です」と自身の変容と対処法について語ることができました。自分自身の障害理解，障害受容は簡単ではありません。しかし，実行を支える支援の中で，学生が自信をもって前に

進むことができる姿をみるたびに，支援者としての喜びを感じずにはいられません。

〈西村　優紀美〉

━━━━━━ 〈コラム〉 ━━━━━━

──「眠り姫」とよばれた女子学生──

　リカさんは，小学生のときから朝が苦手でした。高校生になっても同じで，母親がベッドから無理やり起こしてもリビングのソファの上でまた眠ってしまうほどでした。学校でも授業中によく寝ているので，友だちや担任からは「眠り姫」と呼ばれていました。大学に進学しても同じ状態で，課題が提出できなかったり，遅刻をしたり，少人数の授業でも眠ってしまうことが続き，留年が決定しました。その後，指導教員から連絡を受けた母親が支援室に支援を求めてきました。母親は ADD ではないかと思っていたそうですが，高校までは試験の成績は良かったので，ここまで来たとのことでした。リカさんとの面談では，スケジュール管理や睡眠について話をして，母親にも協力してもらいながら支援を続けていきましたが，状況は変わらず，支援者への反抗的な態度を見せるまでになっていました。個別の支援にも応じない態度だったので，母親と相談し，病院を受診することになりました。初めは拒否的だったリカさんでしたが，二回目の留年が決まったときに病院受診をし，自閉スペクトラム症と ADHD の不注意優勢型という診断が出ました。診断が出た後のリカさんは，非常に変わりました。リカさん自身，自分の現状に絶望していたこと，みんなと同じことができない理由がはっきりしたことで，工夫をしながらやっていこうと思えたことを話してくれました。現在は社会人として一人暮らしをしています。

参考文献

1）斎藤清二・西村優紀美・吉永崇史（2012）発達障害大学生支援への挑戦，金剛出版.
2）独立行政法人日本学生支援機構ＨＰ
　https://www.jasso.go.jp/gakusei/tokubetsu_shien/index.html（2021年1月8日確認）
3）吉武清實（2010）学生相談の近年の傾向と課題．大学と学生，84，6-12.
4）文部科学省（2017）「障害のある学生の修学支援に関する検討会報告（第二次まとめ）について」
　http://www.mext.go.jp/b_menu/shingi/chousa/koutou/074/gaiyou/1384405.htm（2021年1月8日確認）
5）内閣府ＨＰ　障害を理由とする差別の解消の推進
　https://www8.cao.go.jp/shougai/suishin/sabekai.html（2021年1月8日確認）
6）吉永崇史・斎藤清二・西村優紀美（2012）発達障害のある学生を支援する組織のマネジメント──富山大学におけるアクション・リサーチ．CAMPUS HEALTH，49（3），27-32.
7）西村優紀美（2018）発達障害のある大学生の支援──修学支援から就職後の支援まで．学園の臨床研究，17，5-14.

第2章

高校生に対する大学体験プログラム
──チャレンジ・カレッジの取り組み

1.「チャレンジ・カレッジ」の目的

　富山大学では，2012年から発達障害のある高校生を対象とした大学体験プログラム「チャレンジ・カレッジ」を企画して取り組んでいます。入試の事前相談やオープンキャンパスでの相談を通して，大学が提供している情報が，障害のある生徒が知りたい内容を充分に満たしていないのではないかという懸念を抱いたことから始めた企画です。また，東京大学先端科学技術研究センターが行っている「DO IT JAPAN」[1]の取り組みを知り，大学進学を希望する高校生に対する情報提供の在り方を考える必要があるのではないかという思いもあり企画しました。
　文部科学省は「障害のある学生の修学支援に関する検討会報告（第二次まとめ）」(2017)において，「各大学等が取り組むべき主要課題とその内容」として「初等中等教育段階から大学等への移行（進学）」に関して次のように記しています[2]。

(1)　障害のある入学希望者等からの問合せを受け付ける相談窓口等を整備
(2)　相談窓口や，入試時・入学後に受けられる支援内容について，オープンキャンパスや入学説明会等の機会を利用し，生徒や保護者，高校等の教職員に幅広く発信するよう努める
(3)　必要な支援を適切に提供することによって，能力を発揮することが可能となったケース，目標を達成したモデルケースについて積極的に発信すること

　上記により，障害のある生徒の大学等進学への意欲を喚起するとともに，高校等における進路指導での活用につながるとしています。

　一般的に，発達障害の特性として，未経験のことに関して想像力を働かせイメージすることが難しいと言われています。つまり，通常のオープンキャンパスで提供される情報だけでは具体的なイメージを持ちにくく，進路選択のヒントにはなりにくいのではないかと思われます。大学が時間をかけて大学に関する情報を提供することによって高校生が必要な情報をキャッチできれば，受験勉強の仕方を工夫し，自分自身の将来像を描きながら明確な目標を持ちつつ，受験期を過ごすことができるのではないかと考えました。

　「チャレンジ・カレッジ」の取り組みは，ピア・サポーターとして障害のある学生支援に係わっている大学生にとっても発達障害の特性理解や支援方法を学ぶ機会となっています。当日は，日頃身体障害のある学生のピア・サポーターとして活動している学生が，学生チューターとしてこのプログラムの運営に携わっています。さらにはプログラムの中で，発達障害のある大学生や卒業生が，自分自身の障害のことや受験のこと，必要な配慮を求めること，そして，大学で何を学び，将来どういう職業を目指しているかを話す機会を設けています。自分自身の経験をまとめること自体が意味のあることですが，大学進学を目指している高校生に対して有意義な自分自身の体験を伝えることも貴重な経験となっています。

　「チャレンジ・カレッジ」は，大学進学を目指す生徒が具体的なイメージをもつためのプログラムであり，また発達障害の特性に対応したオープンキャンパスのあり方を検討し，将来的には，高校─大学の移行支援プログラムとして定着させていくことを念頭に置いたプログラムでもあります。

2.「チャレンジ・カレッジ」の内容

　表2-1 はチャレンジ・カレッジのプログラムです。毎年，参加生徒や保護者からの意見を取り入れ，内容のブラッシュアップを図りながら企画しています。身体障害のある学生の移動介助やパソコンノートテイクを行っているピア・サポーターが，それぞれのプログラムを企画し，当日は「学生チューター」としてすべての活動を主導的に行っています。当日のプログラムを写真とともに順に紹介します。

①　「大学ってどんなところ？」

　自己紹介の後，大学の紹介をします。「大学ってどんなところ？」は，例年，事前相談や高校生からの問い合わせの中で，質問が多かったものを取り上げ，質疑応答の形で紹介しています。たとえば，大学には総合大学や単科大学，短期大学など，さまざまな規模の大学があることなど，基本的な情報を伝えていきます。富山大学以外の大学関係者も参加していますので，

それぞれの大学の特徴を紹介することができます。

　これは e-ラーニングのコンテンツとしてまとめてあります。その一部を紹介します（写真2-1〜2-9）。

写真2-1　シラバスをもとに，時間割作成

②　「大学の時間割を作成してみよう」

　次に，大学の時間割を作る体験をします。自分が目指したい学部のシラバスを見ながら，時間割を決めていきます。大学の授業の内容も見ることができますから，高校生の目は徐々に輝いてきます。

時　間	プログラム	場　所
10：00〜	・オリエンテーション ・自己紹介（スタッフ・学生チューター・参加生徒）	学生会館2階 多目的利用室
10：20〜	①大学ってどんなところ？ ②体験 大学の時間割を作成してみよう	
11：10〜	休　憩（5分）	
11：15〜	③それぞれのキャンパスライフ 〜私の大学選び・大学生活〜	
11：25〜	④大学における障害のある学生支援とは	
12：00〜	⑤昼　食＆施設利用体験	大学食堂・生協
12：50〜	⑥研究室訪問	理学部 研究室
13：30〜	休　憩（10分）	
13：40〜	⑦先輩の体験談に学ぶ 〜発達障害のある先輩のエピソード〜 ※適宜，休憩をとります ⑧大学生活Q&A	学生会館2階 多目的利用室
15：00〜 （15：30終了予定）	アンケート記入 ※記入後，適宜解散となります	学生会館2階 多目的利用室

表2-1　「チャレンジ・カレッジ」のスケジュール

写真2-2　e-ラーニングコンテンツ「大学って
どんなところ？」

写真2-3　e-ラーニングコンテンツ「大学って
どんなところ？」

写真2-4　e-ラーニングコンテンツ「大学って
どんなところ？」

写真2-5　e-ラーニングコンテンツ「大学って
どんなところ？」

写真2-6　e-ラーニングコンテンツ「大学って
どんなところ？」

写真2-7　e-ラーニングコンテンツ「大学って
どんなところ？」

写真2-8　e-ラーニングコンテンツ「大学って
どんなところ？」

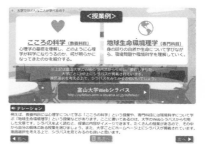

写真2-9　e-ラーニングコンテンツ「大学って
どんなところ？」

③　「それぞれのキャンパスライフ」

　理系学部の学生と文系学部の学生が，自分がなぜ，この学部を選んだか，授業でどういう勉強をしているかを，写真やイラストをふんだんに使いながらプレゼンテーションします。大学生活のスケジュールなども紹介し，大学を卒業した後，どういう職業に就きたいと思っているか等，将来に向けての展望についても話をします。

写真2-10　学生チューターのプレゼンテーション

写真2-11　文系学部の学生チューターのプレゼンテーション

④　「大学における障害のある学生支援とは」

　障害のある学生支援の体制に関する情報や合理的配慮の決定手順，個別の面談やグループワークなどの情報を話します。すでに作成してある e-ラーニングコンテンツ[3]を見てもらいながら，個別の合理的配慮に関する紹介もしていきます。これに関しても，大学ごとに相談窓口や支援体制が異なるので，基本的な障害のある学生支援の枠組みを伝え，個々の大学に関しては，どこに問い合わせをすればよいかという情報を伝えていきます。

写真2-12　理系学部の学生チューターのプレゼンテーション

⑤　「昼食＆施設利用体験」

　午前中のプログラムの後，施設紹介に移っていきます。食堂で昼食を食べたり，図書館を見学したりするのですが，構内を散策しながら大学構内の雰囲気を感じられる時間となっています。

写真2-13　学食で昼食を選び，食べる

⑥　「研究室訪問」

　実際の授業や研究の様子を見たいという希望を受けて，大講義室で模擬授業をしたことがあります。近年は理系学部の研究室訪問をしています。実験室には専門的なポスターが掲示されていたり，大掛かりな実験器具も設備されていて，この中で，大学院生が研究内容や実験の目的・方法のプレゼンテーションをしてくれます。

写真2-14　e-ラーニングコンテンツ　「大学における障害のある学生支援とは～より良い大学生活を送るために」

⑦　「先輩の体験談に学ぶ」

　チャレンジ・カレッジを始めたころは，発達障害のある学生の体験談はプログラムにはありませんでした。同じ大学で学ぶ学生に，自身が発達障害であることを知られたくないという学生が多く，依頼することができませんでした。しかし，参加した高校生や保護者から，発達障害のある大学生の話を聞きたいという意見が多く，何とか実現できないかと考え，企画したプログラムです。

　2014年度から開始され，支援を受けている学生が体験談を語るとともに，参加生徒との質疑応答も行い，交流を図りました。初年度は，卒業し就職活動を経て，障害者雇用枠での就労を果たした先輩から，「大学時代に困ったこと」，「支援を受けて改善されたこと」，「卒業後の就労移行支援事業での訓練内容」，「社会人となって」をテーマに体験談が語られました。2015年度には，1年生と4年生の在学生に，「大学受験のヒントや工夫」，「大学でどのように学び，将来はどのような就職先を考えているか」等の話をしてもらい，「自分自身の特性に対してどのような工夫を

写真2-15　先輩の体験談に学ぶ

写真2-16　高校生からの質問に応える

しているか」，あるいは，「優れた特性をどのように活用しているか」などを語ってもらいました。プレゼンテーションの後，高校生や家族からの質問に応じたのですが，高校生にとって発達障害のある大学生の話は，自分自身の障害特性や困りごとと共通する点が多く，少し年上の先輩がどのように受験期を乗り越え，大学生としての現在に至るかを知ることができ，大学進学を希望する高校生のロールモデルとなったのではないかと思います。具体的には，「高校のときの配慮について，どのように配慮要請をしていたか」，「大学進学をどう決めたか」，「苦手な科目の勉強の仕方は？」などの質問があり，発達障害のある学生及び卒業生は，真摯に応えてくれました。

　2016年には，ミサキさん（仮名）という大学2年生の学生に体験談を話してもらいました。ミサキさんはチャレンジ・カレッジには参加できないけど，パワーポイントでまとめることならできるとのことだったので，e-ラーニングのコンテンツにすることになりました。高校生まで非常に苦労したけれども，自分自身の得意なことを活かして，現在の学部に入学したことを話してくれました。ミサキさんの語りは第11章に紹介しています。

⑧　参加した高校生の感想

　参加した高校生に書いてもらったアンケート結果（2018年度）を紹介します。
・知りたいことはすべて学ぶことができました。
・大学でのスケジュール管理を学ぶことができたことはとても大きかったです。
・学生食堂で食事したことが印象に残りました。メニューがたくさんあってびっくりしました。
・それぞれの人に合った適切なサポートをしてもらえる点が印象に残りました。
・施設利用体験が楽しくて印象に残りました。
・先輩や参加した高校生から話が聞けて良かったです。
・大学での時間割の組み方や体験談など，実際はあまりできないような体験があって，自分のためになった。
・「それぞれのキャンパスライフ」で，実際の講義の資料やレポートを見せていただいたことがとても参考になりました。
・大学内にコンビニエンスストアなどがあり，いろいろなものを売っていたところが印象に残りました。
・勉強の工夫の仕方の話になったとき，いろいろ工夫していることがわかりました。たとえば，宿題をするとき，少しずつ書いていくと自然に集中ができて宿題が進むという方法が印象に残りました。
・「障害のある学生支援」の話にあったピア・サポート活動と小集団活動に興味を持ちました。

・今日のチャレンジ・カレッジで大学の選び方，入試または入学後のスケジュール管理など
　が学ぶことができ，自分の中の将来に対する不安が少し小さくなった気がします。ありが
　とうございました。
・先輩の話から，今後自分がどのようにしていけばよいかを学ぶことができた。次も参加し
　たいと思う。
・もう少し早い時期にしてもらえると，8月中から学校の再開する進学校に通う身としては
　とてもありがたく思います。
・とても興味深いものがたくさん見られて，充実した時間になったと思います。チューター
　の方もとても優しく接してくださり，気楽に話すことができました。まだ将来への不安は
　残っていますが気負いすぎず，頑張ろうと思います。面白かったです。志望校に入れるよ
　うに勉強していきたいです。
・大学について大まかなことがわかりました。最後のQ＆Aでは，いろいろなアイディアが
　とても参考になりました。
・チューターさんとも気軽にしゃべることができ，大学の雰囲気がつかめた気がします。

次に，保護者のアンケート結果を紹介します。

・話がとても具体的で，かつ，高校生にわかりやすい視点で話してくれて，本人の頭に入っ
　ていると思います。
・実際に1日の生活や授業の組み方等，見通しを持った内容でとてもよかった。
・プログラム全般を学生チューターが運営しているように感じた。チューターが横について
　くださったことで，本人は安心して伸び伸びと参加することができたと思います。
・大学のことは親や先生としか話したことがなかったと思うので，学生チューターの方々か
　ら説明をしていただき，頭にも心にも入ったのではないかと思いました。
・なぜ，リラックスしたがっているのかを理解できませんでしたが，みんなそうなんだとい
　うことを知り，我が子のことを理解できました。
・パソコンテイクのサポートをしていただき，長時間ありがとうございました。人との関わ
　りが難しいところもあったと思いますが，積極的にかかわっていただき，安心しました。
・学食での食事や，研究室での実験体験ができ，不安がなくなりました。
・卒業した社会人の方の発表も大変参考になりました。

⑨　まとめ

　進学を目指す高校生は，大学の修学や生活，支援の実際など，具体的な情報を必要としてい
ます。「スケジュール管理」に関する話は，高校生活でも役に立つという意見がありました。

大学に入学してから必要なのではなく，高校生の時期からできることもあることに気づく体験だったと思われます。早期から，学びを支える自己管理能力の必要性を認識する機会となったのではないでしょうか。

高校生にとって学生チューターは新たな同一化の対象としての役割を担い，自立した大学生活に目を向けるきっかけとなりました。さらに，発達障害のある先輩の体験談は，高校生が将来の自己像と重ね合わせることができるロールモデルとしての語りとなったと思われます。

大学生や社会人となった発達障害のある人の話は，保護者にとっても我が子の未来像を描く機会となったという感想が多くみられました。

その反面新たに検討が必要な点が出てきています。この8年間に参加した生徒や保護者，そして，チューターの意見を取り入れながら，徐々に内容のブラッシュアップを図ってきました。内容が充実する一方で，一日のスケジュールでは時間が足りないという課題も出てきました。

2020年，「大学体験プログラム～チャレンジ・カレッジ」のe-ラーニングを作成しました。上記のいくつかのプログラムをコンテンツとして作成し，常時視聴できるようにしたのです。今後は，チャレンジ・カレッジ参加の前に視聴してもらい，当日は高校生に評判が良かった「研究室訪問」と「先輩の体験談」に時間をかけるほうが参加者の満足度は高いのではないかと考えています。また，参加者と学生チューター，発達障害のある学生を交えたグループワークを取り入れ，コミュニケーションの場を持つようにすれば，高校生が積極的に大学生とコミュニケーションをとることができるのではないかと思います。可能ならば，保護者にも我が子とは別の各グループに参加していただき，話し合いに参加していただくことも意味があるかもしれません。

もう一つの課題は，高校から大学への「移行期支援」についてです。大学では，卒業時期になると就職支援を行っていますが，大学と就労支援機関，企業とのコラボレーションの重要性を強く実感しています。「送る側」と「受け入れる側」が，一時期，重なり合う支援を行うことの意義は大きいと思われます。高校から大学への移行期に関しても，高校と大学の双方で，重なり合う支援を行う必要があるのではないかと思います。

〈西村 優紀美〉

参考文献

1）DO IT Japanプロジェクト
https://doit-japan.org/（2021年1月8日確認）
2）文部科学省（2017）「障害のある学生の修学支援に関する検討会報告（第二次まとめ）について」
http://www.mext.go.jp/b_menu/shingi/chousa/koutou/074/gaiyou/1384405.htm（2021年1月8日確認）
3）富山大学学生支援センター　アクセシビリティコミュニケーション支援室ＨＰ
http://www3.u-toyama.ac.jp/gp07/e-index.html
4）西村優紀美（2018）大学進学への移行支援，松村暢隆（編著）2E教育の理解と実践──発達障害

児の才能を活かす．金子書房．

5）西村優紀美（2020）第8章 高等学校の特別支援教育に期待すること．小田浩伸（編著）高等学校における特別支援教育の展開．金子書房，PP.98-106．

第２部

学生同士のコミュニケーション支援

第3章

小集団活動「ランチ・ラボ」

1. はじめに

　アクセシビリティ・コミュニケーション支援室では，社会的コミュニケーションに困難さを
もつ発達障害のある学生を対象に，コミュニケーション支援を行っています。その多くは個別
面談による修学支援ですが，修学上の問題が減少するにつれ，自分自身の特性やコミュニケー
ションへの不安を話題にすることが多くなり，コミュニケーションそのものを対象にした面談
が進められていくことになります。「今まで良かったことがなかった。同じことが永遠に続く
ような気がする」と絶望的な気持ちに支配される学生や，「こんな小さなことにも引っかかっ
て，落ち着かなくなるんです。また同じことをやってしまったと後悔します」と暗い表情を見
せる学生もいます。これまで対人関係面での困りごとが多かった学生にとって，自分自身のコ
ミュニケーションの在り方に対峙することは，大きな精神的負担を感じてしまうに違いありま
せん。しかしながら，安心できる人間関係の中で，あえて自分の課題に向き合いたいと思う学
生の決意を，支援者として尊重し，伴走していきたいという気持ちもあります。支援者は，直
面化による精神的な混乱や不安を受けとめつつ，学生が自身の自己物語を整理し，距離感を
持って眺める「物語の再構築」のプロセスを伴走するのです。個別の面談は，学生と支援者と
の対話を通して，学生自身が自身の行動を振り返り，困難や問題を解消する方法を知り，成功
体験を積み重ねることによって，結果的に肯定的な自己像を持つことを可能にします。

　私たちは，発達障害のある人へのコミュニケーション支援とは，「良質で豊かなコミュニ
ケーションの"場"を提供すること」にあると考えています[1]。そのような良質な関係性が保
証される中でこそ，彼らは良いモデルを取り込み，自分自身のコミュニケーションに敷き写
していく力を発揮できるのです。このような考えに基づいて，コミュニケーションに対する支
援方法として，トレーニング的な要素が強い方法を選択するのではなく，良好なコミュニケー
ションの場をマネジメントするという方法論を選択しています。これを具現化したのが，2010
年6月より行っている小集団活動「ランチ・ラボ」です[2]。年度ごとに，新入生が加わったり，
授業等の関係で参加できなくなったりと，メンバーの入れ替わりはありますが，安心できる環
境の中でコミュニケーションを楽しむ場としての基本スタイルを維持しています。活動当初か
ら参加していた卒業生は，就職後も可能な日には参加し，後輩に近況報告もしながら，この活
動に参加しています。卒業生の参加は，在学生にとって将来のロールモデルとなっているとい
う点で大きな意味があります。

　ここでは，発達障害のある学生のコミュニケーション支援を目的として行われた小集団活動
を紹介し，それぞれの場面において，学生がどのような経験的学習を積み上げ，それぞれのコ
ミュニケーションの在り方にどのような影響を与えられているかについて述べていきたいと思
います。

2．小集団活動「ランチ・ラボ」の目的と意義

　「ランチ・ラボ」への参加は，支援室で個別面談を行っている発達障害のある学生を対象と
し，基本的に自由参加となっています。参加者が双方向のコミュニケーションを体験する，い
わゆる構成的エンカウンターに近い形で行われています。活動の目的は，参加者が自分の思い
や考えに関心を寄せてくれる他者との交流を通して，言語的コミュニケーションへの関心を惹
起することです。また，他者の考えを知り，自分の考えとは異なるさまざまな意見や解釈があ
ることを知り，考え方の多様性を認める態度を養うという目的もあります。

　コミュニケーション上の困難さのある学生が一堂に会し，緩やかな雰囲気の中に集うことに
よって，人と関わることへの不安が解消し，自分なりの関わり方に自信を持つことができる機
会になってほしいと考えています。なお，同世代の人との関わりに不安や緊張が強い学生には
無理に勧めず，あくまでも学生本人の意思を尊重しています。また，活動に参加した後には，
個別面談で活動についての振り返りを行い，個別に学生の不安や疑問を解消していくように配
慮していることを付け加えておきます。

3．活動の概要

(1)　実施日

　　毎週水曜日12：00〜13：30 の 90分間

　　活動内容：会食，ラボトーク，メタ・ナラティブのシェア

(2)　参加者

　　支援室で個別面談を行っている発達障害のある学生，支援者２〜４名

(3)　場所

　　保健管理センター内支援室

(4)　ラボトーク　活動の流れ

　　・各自準備した昼食を食べながら雑談する。

　　・ラボトークを開始する（あらかじめテーマ（話題）をカードに書いて準備しておく）。

　　・一人がカードをめくり，各自そのテーマについて思いついたことを付箋に書く。

　　・テーマについて順番に話をして，付箋を台紙に貼る。

　　・一人の話が終わったら，他の参加者は質問や感想，意見を言う。

　　・同じテーマについて，全員が順に話をする。参加者は感想をシェアしあう。

　　・テーマを変えて，数回繰り返す。

　　・最後にシートを見ながら，全員で振り返り，メタ・ナラティブをシェアする。

(5)　配慮したこと

　　支援者は，自分も参加者の一人としてコミュニケーションを楽しみながらも，小集団活動が参加学生一人ひとりにとって，より有意義なものになるように以下の点に配慮しました。

　　(1)　学生が主体的に参加するために，学生の希望や要望を随時ラボトークの内容や方法に取り入れる。

　　(2)　会話場面に苦手意識が強い学生が安心感をもって話ができるように，個人面談の中で語られる学生の興味をテーマに盛り込む。

写真3-1　食事をしながら雑談

図3-1　ラボトークのカード

(3)　参加者全員が「話す機会」が与えられるようにする。

(4)　学生同士の意見交換が成立するように，支援者が学生の発話を受け止め，他の学生にも声をかけていく。支援者は学生間の会話をつなげるために，適切に発言する。

(5)　支援者も一人の参加者として語るとともに，学生にとって「話す・聞くモデル」となるように心がける。

(6)　テーマを工夫し，学生が自分自身の特性や傾向に関心を向けるよう配慮する。

4．各回のテーマ

　ラボトークを始めた当初は，参加学生が興味をもちそうな話題や話しやすい話題を選びましたが，徐々に学生がみんなに聞いてみたいこと等，それぞれの関心事も積極的に取り入れていくようにしました。自ら話題を考える体験もしてほしいと考え，カードを引いた人がその場で話題を決めることができる「本日の当たり目」カードも用意しました。内容は自由です。具体的には，「最近見た夢の話」や「子どもの頃どんな遊びをした？」，「自分の好きなところ」，「嫌な人と顔を合わせたらどうする？」などユニークなテーマが出されました。自分自身を振り返る必要があるテーマは，特性理解に役立ちます。自身のありがちな考え方を表明し，他の学生の語りに耳を傾け，理解を深めるよい機会であると考え，日頃の自分を振り返る必要があるテーマや，自己開示する必要があるテーマも取り入れていくようにしました。

1．気軽に話せること ・好きな○○ ・年末年始やGWのできごと ・好きな給食のメニューは？ ・自分を動物にたとえると？ ・夢の話	2．日ごろの自分を振り返る必要があるもの ・自由な時間は何をしますか？ ・リフレッシュ法は？ ・大学での勉強法 ・言われてうれしかった一言
3．自己開示する必要があるもの ・自分にとって心地よい場所 ・小学校（中学校・高校）時代の○○エピソード ・五感の中で一番大切なものは？　また、敏感または鈍感なものは？ ・恥ずかしかった失敗談	4．判断を伴うもの ・嫌な人と顔を合わせてしまったらどうする？ ・急いでいるときにアンケートを頼まれたら？ ・先輩から飲み会に誘われました。でも、バイトがあります。そんなときどうしますか？

図3-2　ラボトークのテーマ

5．メタ・ナラティブ「私たちの物語」の作成

　「ランチ・ラボ」の活動を継続する中で，私たちは，発達障害のある人たちは，必ずしもコミュニケーションが苦手ではなく，そこで繰り広げられる他者の意見や考えに関心を持ち，耳を傾けていることに気づかされます。確かに非言語的コミュニケーションの表現が伝わりにくい面はありますが，聞いていないわけではないし，自分の意見を持っていないわけではありません。ランチ・ラボの活動を継続する中で，私たちは，発達障害のある人たちが自分の考えを表明し，他者の考えに関心を寄せる瞬間をいくつも見てきました。興味関心の狭さが障害特性であるといわれていますが，他者が強く関心を持っていることに関して，そのことを自分自身の知識と照らし合わせもっと知りたいという知的好奇心は強く持っているように感じます。

　小集団活動の場で，自分自身の思いを表明し，他者の語りに耳を傾けることができたときに，参加者全員の思いや考えを盛り込み，作り上げた一つの物語を創造できるのではないかと考え，メタ・ナラティブの作成に取り組みました。メタ・ナラティブとは，多様な物語から唯一の答えを出すというのではなく，この場に共通している意見や考え方を見出してストーリー化し，一次元高い一貫性のある物語を作ることをいいます[3]。一人の考えを否定するということではなく，それぞれの考えを包含する「私たちの物語」を一緒に作るのです。

　一般的に，自閉スペクトラム症の特性は，いわゆる「自閉的思考」に固着しているといわれています。つまり，彼らは独特の心理的スキーマを形成し，その枠組みの中で周囲の出来事を理解しようとします。自閉スペクトラム症の心理的スキーマの特徴は，その場のコンテクストの影響を受けにくいことと，他者の視点を想像しにくいことが基底にあり，これに社会的孤立が加わると周囲の人から指摘されることもなく，修正される機会もなくなり固定化してしまう傾向にあります。

　個別面談では，このような思考プロセスを対話の中でひも解き，ありがちな行動パターンを修正していく作業が行われるわけですが，彼らにとって基盤となる「強固で絶対的なナラティブ」を一方的に修正しようとするのではなく，大枠では共感し，そのことを尊重しつつ，具体的な実行の部分を検討していきます。実行を支える支援は，彼らの経験から得られた信念とは異なっている場合がありますが，それをいったんは脇に置いて，とりあえずやってみることを勧めます。その結果，うまくいった場合，成功は彼らの基盤としてのナラティブを変容させることができます。対話と実行のサイクルが，彼らの「新しい基盤としてのナラティブ」を創りあげていくと考えています。

　小集団活動においても同様の体験が可能です[2]。メタ・ナラティブは，「みんなの思いを包含した一つの物語」となって，一人ひとりの基盤としてのナラティブとして敷き直されていくものと考えます。

6．ランチ・ラボの実際

　テーマのカードは毎回5〜6枚ほど準備します。内容はその季節や行事に合わせて，少しずつ変化させていますが，同じテーマのカードを時々使用するようにしています。同じテーマでもそのときの状況や気分によって異なる発言になる場合もあり，そのこと自体，学生にとってはよい体験になっています。

【ルール】
　・それぞれの考えを尊重する。批判をしない。
　・「言わない」，「言えない」，「考え中」もOK！
　・真似することもOK！　他者に触発されて，考えを変えることもOK！
　・考えを変えず，貫き通すこともOK！
【参加者】
　発達障害のある学生：巧さん，誠也さん，二朗さん
　支援者1：曽我有可，支援者2：日下部貴史，支援者3：西村優紀美

⑴　ラボトーク：勉強に集中できない。そんなとき，何をして気分転換しますか？
　自分が話したい話題だと話が止まらなくなりがちな巧さんと，対照的に，思いを言葉にできない誠也さんのラボトークの変容を中心に紹介します。
巧　　　：ぼくは，ありきたりだけどコーヒーを飲むとか，一度外に出て散歩とかですね。
支援者1：確かに，一度リセットする感じで，その場を離れるとかもいいね。
巧　　　：はい。でも，そんなこととしても無理となったら，まったく別の科目にすることもある。
支援者2：なるほど。あ〜，私もなんだかわかるような気がします。二朗さんは？
二朗　　：それに近いかもしれません。気乗りしない感じのときはとりあえず5分だけやってみてのことが多いです。
支援者3：そうなんですね。二朗さんは，5分やってみて，できそうかどうかを判断するんですね。
巧　　　：そういうふうにするのもあり！　ですね。やってみようかな。
支援者1：確かに，お試しでやってみて，自分に合うのはどれなのかリサーチするのもいいかも。
支援者2：なるほど！
一同　　：あぁ〜なるほどね〜！（うなずく）
支援者1：次は，誠也さんかな？
誠也　　：開き直って，諦める。

支援者3：そう，そういうときもあるよね。かなり難しい課題だともうダメ，いいやってなるし。

支援者2：誠也さんは開き直った後って？　どうなることが多い？　寝るとか？　ゲームするとか？　その他に？

誠也　　：ふーん……。

支援者1：あきらめて，別のことをするのかな？　そうなると，二朗さんとも似ているような？　別の課題をするのと，別のことをするというところは，似ているかも。

一同　　：そうかも。

支援者1：やっぱりそれぞれ気分転換のやり方があるのですね。コーヒーとかお茶を飲んだり，散歩をして体を動かしてみたり，ちょっとだけやって試してみてからだったり。

支援者2：それは，試験や課題が出てきたときの役に立つかもしれないね。

支援者3：そうですね！

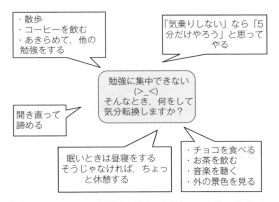

図3-3　テーマ：勉強に集中できない。そんなとき，何をして気分転換しますか？

【ラボトークの様子】

　3人は理系学部の学生であり，巧さんと二朗さんには自閉スペクトラム症の診断があり，誠也さんは未診断の学生です。巧さんはラボの参加当初は，自分が話したい話題だと話が止まらなくなりがちな学生でした。二朗さんは，コミュニケーションが苦手で，自分の意見はあるものの話すタイミングをはかっているうちに話題が終わってしまうことが多い学生です。誠也さんは，コミュニケーションの苦手さが顕著に見られ，思いを言葉にできず，支援者の一方的言葉がけに終始してしまいがちな学生ですが，昼食を食べながら雑談するときには，自分の興味があることをポツンポツンと話してくれます。巧さんは，参加当初は知識が豊富なこともあり，どんな話題でもすぐに自分の考えを言っていましたが，回数を重ねるうちに，周りの様子を見ながら，話しすぎることがないように配慮したり，他の参加者の話を聞いてから意見を言ったりするようになっていきました。

　巧さんとは対象的に，誠也さんは当初「好きなことは寝ること」，「ゲームをする」，「何も言わない」という回答が多かったのですが，回数を重ねるうちに，他の参加者の話に耳を傾け，意見にうなずいたり，他の参加者の意見が書かれたカードをのぞき込んだりするなど，積極的に参加する様子が見られました。

　自由な会話場面では，何を話してよいかわからない学生でも，ラボトークの展開の仕方によっては，話すことへの抵抗感が少なくなる場合があります。たとえば，ラボトークは最初にテーマがいくつかあって，自ら話題を提供する必要がないという安心感があります。また，自分の考えをまとめるために付箋に書きこむ作業があり，考える時間を確保できるのも安心材料です。そして，参加者が順番に話すというルールがあり，どうしても考えが浮かばなかったら「パス（話さない）」を使ってもよく，さらには，たとえ話さなくてもだれからもそのことを否定されないことが参加者全員の一致した了解となっているところが，この場に参加することへのハードルを下げていると思われます。

　巧さんは話しすぎることなく，そばにいる支援者の会話を観察して，音量やうなずき，あいづちなどを適度に使い，言葉を選んでいる様子が見られました。二朗さんは話すタイミングをはかる必要がないことがわかり，マイペースで自分の意見を書き，自分の順番を待って発言する姿が見られました。誠也さんは多くを語ることはしないのですが，ウィットに富んだ一言で考えを書き，それを読み上げて，周囲の人の反応を見るようなそぶりを見せてくるようになりました。支援者がさらに詳しい情報が欲しくて誠也さんに質問するのですが，「ふーん」とつぶやくだけで，さらに詳しい情報を語ることはありません。しかし，メタ・ナラティブをそれぞれの参加者が話し始めると，誠也さんも同調するように数回，うなずく様子が見受けられました。

【参加者全員で作ったメタ・ナラティブ】

　「勉強に集中できないとき，何をして気分転換するかというテーマでは，開き直ってあきらめ，休憩したり，コーヒーを飲んだりして気分を変えようとする人が多いようです。気分を変える方法はそれぞれでしたが，どちらかというと，リラックスする方法を選択する人が多かったです。自分では思いつかないこともありましたが，聞いているうちに，『今度やってみよう』と思えました。無理に頑張ろうとしないで，開き直ってあきらめることも大切なときがあるし，そう思っただけで気分転換になるときもあることに気づきました。」

　(2)　ラボトーク：人と話すとき，気をつけていることは何？

巧　　　：（カードを引く）人と話すとき，気をつけていることは何？

支援者1：気をつけていることか，何があるかな？

巧　　　：（すでに自分の意見を書いて）難しい質問ですね。でもこんな感じでもいいのかな？

支援者1：もう書いたの？　私は，まだ出てこない……。

支援者2：最近，気をつけるようになったこととかでもいいのかな？

支援者1：そう！　あった，あった。

巧　　　：書いたけど，これでいいのかな？　まぁ，これでいいかな？　みんな書けた？

二朗　　：……ちょっと，まだ。

誠也（黙って，うつむいている）

支援者2：ほかの人のを見てからでもいいよね。聞いているうちに思い浮かぶかもしれないし。

支援者1：じゃ，はじめようか，巧さんからですね。

巧　　　：僕は，早口なので，相手が「ん？」って顔をしたときは，焦って早口にならないように気をつけているかな。

支援者1：確かに！　焦ると早口になるよね。私もそれあるなぁ。（二朗：書き始める）次の順番は，日下部先生ですね？

支援者2：最近というか，まぁ以前からなんですが，声が大きいと言われることが多くて，だから場に応じて声の大きさを変えるように気をつけていると思う。でも，時々，忘れて大きな声になっているみたいだけど。

誠也　　：（巧さんや支援者2が書いたカードをのぞき込んでいる）

支援者2：僕と曽我先生は，秘密の話できないですね。

支援者3：あら，秘密を持てない2人だわ。（一同笑い）次は二朗さん？　書けたかな？

二朗　　：気を付けているとかではないのですが……目を合わせたい。言葉使いを直したい。

支援者2：言葉使い，日本語って難しいよね。尊敬語とか謙譲語とかあって，大人なのに，いまだに迷うことがあります。

〜中略〜

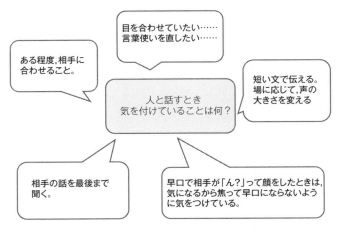

図3-4　人と話すとき，気をつけていることは何？

誠也　　　：ある程度，相手に合わせる

支援者2：相手に合わせるって？　どんな感じ？

誠也　　　：（周りの学生の様子を見て）あいづちをうつとか，相手の方を見るとか。

巧　　　　：まずはそこからみたいなところありますよね。

一同　　　：うなずく〜笑い。

〜後略〜

【ラボトークの様子】
　誠也さんは当初はどのようなテーマでも，「なんでもいい」と書いたり，黙って白紙の付箋のままでいることが多かったのですが，コミュニケーション・ワークショップ（絵や楽器，歌，ポエム等の素材をコミュニケーションツールとして活用した相互交流の場，第4章参照）で，参加学生から「うまいなあ！　発想がおもしろいですね」と高い評価を受けたことがあり，ラボトーク(2)の頃から緊張感や不安感が減少し，他の参加者の意見の書かれたカードをのぞき込み，うなずいたり，「ぼくもそう」とあいづちをうったりすることが増えてきました。
　誠也さんは巧さんが声をかけると，短い言葉での反応ではありますが，即座に意思表示をしてくれるようになりました。

　(3)　ラボトーク：やってみたいアルバイトは？

支援者3：（カードを引く）「やってみたいアルバイトは？」です。

支援者2：大学時代にしたかったことでもいいかな？

支援者1：それでもいいし，今でもいいんですよ！

巧　　　　：えっ……今？　つまり，副業ってやつですか？（一同：笑い）

支援者3：やってみたいこと，いろいろあるなぁ。

〜中略〜

支援者2：そろそろいいですかね？　では，私から，飲食店のウェイター・ウェイトレスとか料理作り。そういうところでアルバイトすると，まかないとかでおいしい料理が食べられたりするし。

一同　　　：うなずく

支援者2：どんな飲食店だったらいいかなって……考えるな。中華料理屋さんかな。

巧　　　　：僕は，イタリアンかな。二朗さんは？

二朗　　　：中華でしょうか。

支援者2：お〜！　一緒ですね。

巧　　　　：誠也先輩は？

誠也　　　：ふーん。辛いのはだめ。

支援者3：私はなんでも，おいしいと感じるから，どんな料理でもいいかも。では，次は誠也

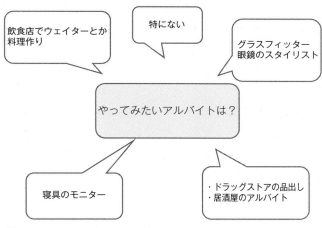

図3-5　やってみたいアルバイトは？

　　　　　　さん。

誠也　　　：寝具のモニター。

巧　　　　：寝具のモニターって？

誠也　　　：寝るのが好きだし，寝やすい布団とかあるかもしれないし。

支援者２：へぇ。誠也さんにとって寝やすい布団って？

誠也　　　：ふかふかより，少し固め。

【ラボトークの様子】

　この頃になると，巧さんは支援者を「話す・聞く」というモデルとし，他の参加者へ適度な声がけができるようになってきました。巧さんは誠也さんに対して，「誠也先輩」と声をかけるようになり，誠也さんにとっては，それがとても心地よい言葉として受け止められたようです。大学では友人がいない誠也さんにとって，「先輩」と唯一声をかけてくれる人のいる場が，小集団活動の場だったと思います。

　誠也さんの変化として，巧さんが誠也さんに声をかけると，誠也さんは巧さんのほうに顔を向け，返答ができるようになり，学生同士のやり取りが成立するようになってきました。また，巧さんの発言に対し，誠也さんが自主的に反応し，声をかける様子に，支援者には向けない表情を見て取ることができました。学生同士だからこその緩い雰囲気を楽しむ様子に，会話を楽しむことができるようになっていくプロセスの重要性を認識することができました。

【ラボトーク(2)，(3)のまとめ】

　ここで，誠也さんについて個別面談の様子を紹介します。

　ラボトーク(1)のころの個別面談は，支援者の対話においても，ラボのときと同様に「ふ〜

ん」と言ったっきり黙ってしまうことが多かったのですが，ラボトークを重ねるうちに個別面談でも短い語りではありますが言葉を返してくれることが多くなってきました。特に，ラボトークについての話題では，「巧さんの意見……おもしろい」，「○○という考えは僕と似ている」等の発言が見られ，自分の考えと他者の意見を比較したり，同じだと認識したりする様子が見受けられました。

　支援者との対話は現実的な生活面や授業に関する内容に終始しがちですが，ランチ・ラボは同年代の仲間を含むフラットな関係の中で，非現実的なテーマや直面化されることがないテーマが取り上げられています。つまり，自身の障害特性への困難さをいったん脇に置いて，自由に語れる雰囲気があり，それぞれの価値観が尊重されるという枠組みがあるため，学生は安心して会話に集中できたと考えられます。

7．誠也さんに焦点を当てて──事例紹介

　小集団活動「ランチ・ラボ」に参加している誠也さんに焦点を当てて，その変容についてあらためて見ていきたいと思います。

　誠也さんは，入学後しばらくして授業に出にくくなり，友人を作ることもできずに孤立し，ご家族から支援要請を経て支援室の個別面談へとつながってきた学生です。参加当初は，ほとんど言葉を発することがなく，表情の変化もあまりありませんでしたが，毎週継続して参加する中で，誠也さんは短い言葉ではありますが自分の考えを話したり，他の参加者からの質問に応じたりするようになってきました。3年ほど経った頃から他の参加者の発言に対して即座にコメントを言ったり，ウィットにとんだ一言を返すこともあり，誠也さんの発言で参加者が思わず笑ってしまう場面も見られるようになりました。

　個別面談で感想を聞くと，誠也さんは，「何度も同じテーマがでてくるから答えやすい。前と同じ意見じゃないけど，みんなの意見もいくつか覚えているから，そのときの気分で気持ちを書くことはできる。（笑みを浮かべながら）当たり目のテーマもストックが10個ぐらいある。自分で考えたテーマだから，自分の意見もすぐに出る。他の人からも自分が出したテーマが書きやすいと言われるからうれしい（笑）」と語りました。表現のたどたどしさはありますが，他者とのコミュニケーションを通して培われた誠也さんの成長を実感することができました。初めにコミュニケーション支援とは，良質で豊かなコミュニケーションの“場”を提供することだと書きましたが，誠也さんはまさにそれを実証してくれたのでした。

　「ランチ・ラボ」の終了後，誠也さんとの個別面談で，ラボトークの時間に作成したシートを眺めながら，ラボトークのことを話題にしてみました。他の参加者の意見をどう感じ，誠也さんがそのときに言葉にできなかったかもしれなかった思いを知りたいと思いました。

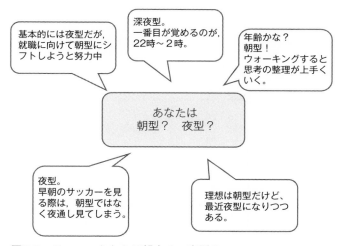

図3-6　テーマ：あなたは朝方？　夜型？

【誠也さんが語ったメタ・ナラティブ】

　このテーマに関しては，朝型，夜型と思ったけど，それ以外の型もあった。それは自分で，深夜型。目的のために変えたいと努力している人もいた。年齢とか興味で型が決まるときもある。いろいろな理由で型が決まっていく。自分も理由があって，みんなと違う型になったが，また今とは違った理由がでてきて，自分も型の変更があるかもしれない。

　誠也さんが自分の発言の意図を話し，他の人の考えに対するコメントも表現しつつ，参加者の意見をまとめ上げたことに驚きと感動を覚えました。

8．卒業生が参加したラボトーク

　卒業生が，有給休暇を取って参加することもあります。この回は，大学院生の健二さん，入学間もない巧さん，卒業生のユカリさんが参加しました。

⑷　ラボトーク：自分を自分で褒めたいときはどんなとき？
ユカリ　：（カードを引く）「自分で自分を褒めたいときは，どんなときですか？」難しい質問ですね。
支援者1：つい最近のことを書こう。
支援者2：つい，最近ありますか？
支援者1：あったんですよ。
ユカリ　：どうしようかな？　え～，そんなことあったかな？

健二　　　：うーん。褒めたいときか……。

～中略～

支援者1　：はい。じゃあ，自分で自分を褒めたいときはどんなときですか？　まず，カードを
　　　　　　引いたユカリさんから。

ユカリ　　：はい。えっと，自分で自分を褒めたいときは，つい自分にとって難しいと思ったり，
　　　　　　嫌だと思ったことをやり遂げたりできたとき。

支援者1　：いいですね。

健二　　　：あー，納得できますね。

ユカリ　　：私，結構，嫌なことはやらないって性格なんで……。

健二　　　：なるほど。

ユカリ　　：結構それでごまかしてきてる。(笑い)　結構，人生それでごまかしてきたところが
　　　　　　あって，でも，それでも，どうしても難しいことや，嫌なことをやらないといけ
　　　　　　ないから，もう，それは避けて通れないこともありますから，それを乗り越えたら，
　　　　　　もう，褒めてあげたいと思いますね。

巧　　　　：素晴らしいですね。(一同口々に，同意したり賞賛したりする)

支援者1　：次，私です。私は儀式が嫌い，苦手です。雰囲気が嫌なのです。今週の月曜日に，
　　　　　　式に出席して，60分間耐えました。

健二　　　：そういえば……あの。僕は，教員免許を取っていますけど，僕，なんか，入学式と
　　　　　　か，そういう大事な式で居眠りするんですよ。

支援者1　：あら，私もすぐに寝てしまいます。それで，起立っていうときに，あらっ？　って
　　　　　　びっくりしちゃう。(全員，同調しながら笑う)

ユカリ　　：私，「全員」とか「卒業生」とか「在校生」とか間違えて立ったことは何度かある。

支援者2　：私も3年前，それやりまして。(笑い)

ユカリ　　：小学校のとき，よくやらかしたから。

巧　　　　：あー，式は嫌いでしたね，私も小学生の頃とか私はよく脱走して捕まっていました。

全員　　　：(笑い)

ユカリ　　：あー，わかる，わかる。わかります，それ。

支援者1　：式，嫌いな人？　(全員手を挙げる)

支援者2　：好きな人いるんですかね？

巧　　　　：なんか，花束もらうのが好きな人とかいますよね。

健二　　　：まあ，僕はあの，小中高と儀式に出ていましたけど，ただただ，ウトウトしてたら
　　　　　　終わっていました。

【ラボトークの様子】

　これまで失敗体験や予想外に叱られた体験が多かった学生たちは，おそらく人から褒めら

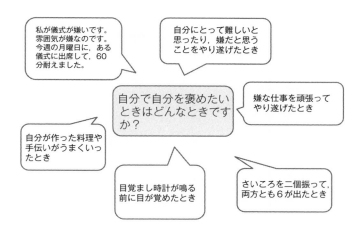

図3-7　ラボトーク「自分で自分を褒めたいときはどんなときですか？」

れた体験も少ないのだと想像します。また，自分への評価が厳しい学生も多く，「これぐらいのことで自分を褒めてもいいのか？」という迷いもあるようでした。このテーマは過去のネガティブな体験に埋もれているかもしれない「頑張っている自分」を思い出し，肯定的な自分としてのイメージに敷き直す心の作業が必要となります。揺れる気持ちを見事に言い表し，みんなの前で言語化したのがユカリさんでした。「嫌なことはやらないタイプ」と自己開示した上で，「それでもやらなくてはいけないときがあり，それをやれたときは自分を褒める」という表現は，隠しておきたいような弱い部分を正直に伝えながら，ちょっと頑張った自分をほどよい満足感を持って表現しています。在学中のユカリさんは，非常に優秀な成績で，淡々とするべきことをこなしているように見受けられました。しかし，このような内面の揺れがあり，それをこのような言葉で言い表すことができることに驚きを感じた瞬間でもありました。身の丈にあった表現，つまり，大げさではなく，正直な自己開示に対して，「素晴らしい」，「やらなくてはいけないって頑張るところがすごい」などと参加者から賞賛され認められたことは，ユカリさん自身，安心するとともに，肯定的な自己像を持つことができたラボトークだったと思います。

　また，「儀式」の話題では，健二さんが「自分が教員免許を取得中なのにもかかわらず自分は寝てしまう，そんなことでいいのか悩んでいる」という気持ちを垣間見ることができました。健二さんはマイペースで飄々とした印象があり，一見不安や悩みがないように見えてしまうのですが，彼なりに悩んでいることがよくわかった回でした。健二さんの発言がきっかけで，他の参加学生も自分の過去を話すことになりました。過去の自分は恥ずかしいと感じている学生が多く，個人面談で過去を振り返って自分を見つめ直す作業は，学生にとってかなり負荷がかかるので難しい場合もありますが，ネガティブなことを軽く暴露するという雰囲気の中で，

各々が自己物語することができたような気がします。学生にとって誰からも脅かされることがなく安心できる場であるということ，お互いをエンパワーする集団力動が，相互に良い影響を与えたと推察できます。

【参加者全員のメタ・ナラティブ】

「自分で自分を褒めたいときは，嫌だと思っていることを頑張ったときや，難しいことに取り組んだときに，自分のことを褒めてあげたいと思う人が多かったようです。しなければならないことがあったときに，人はいつも前向きな気持ちで取り組むことはできないもののようです。でも，何とか頑張ってやれたときに，頑張った自分を褒めてあげたくなります。また，ちょっとした偶然の産物に，自分自身がびっくりすると同時に，『やった！』という喜びで，そういう自分を褒めてあげたくなることもあります。」

9．まとめ

ランチ・ラボは，「同年齢の話す仲間が欲しい」という学生の願いを実現するために始めた小集団グループ活動でした。同世代の仲間と話す機会が少なく，コミュニケーションの機会が少ない学生に対して，支援の一環として定期的に活動を継続していきました。参加当初はほとんど話さなかった学生が，毎週一回ここに参加することによって，少しずつ変化していく様子を見ることができました[3]。

参加学生は支援者や他の学生の振る舞いや言葉にとても敏感でした。たとえば，ある学生が新しい靴をはいてきたとき，一緒に参加していた別の学生が，ラボ後の個人面談で「○○さん，スニーカーが新しくなっていた。僕も……そろそろ買おうかな」という感想を話します。また，支援者同士が雑談の中で失敗した話をした際には，食事を取っていたある学生が「そんなに落ち込まないでくださいよ」と声をかけてくれ，「そんなこと誰にでもありますよ」と慰めてくれることもありました[4]。雑談ではこのように話に入ってくる学生もいれば，黙って食べることに集中する学生もいます。それでも，関心のある話題には急に話の中に参加する学生もいます。誠也さんは音楽に詳しく，みんなが思い出せない音楽でも，さっと題名やグループ名を言ってくれます。

小集団活動は，支援者は一参加者であることを意識していますが，積極的に他者の話に関心を寄せるようにしています。自分のことを話しすぎたり，他者の話を取ってしまったりすることなく，ほどよいあいづちやコメントをはさみながら，その場の会話が進むようにしています。また，「こうあるべき」という一つのコミュニケーショ様式を求めるのではなく，その場の空気が心地よく感じ，話をしたくなるような雰囲気を作るように心がけるのも支援者の役割の一つです。このような雰囲気の中で，学生たちは自分の意見を語り，お互いの意見を聞き，良いところは積極的に取り込もうという態度を身につけていったように思います。小集団活動を行

う上で最も大切なことは，このような空気感を作ることと言ってもよいかもしれません。

　繰り返しになりますが，発達障害のある人へのコミュニケーション支援とは，「良質で豊かなコミュニケーションの場を提供すること」にあり，そのような良質な関係性の中で，彼らは良いモデルを取り込み，自分自身に染み込ませていくものであると確信しています。

〈西村　優紀美〉

参考文献

1 ）西村優紀美（2010）心理教育的アプローチ．斎藤清二・西村優紀美・吉永崇史（著）発達障害のある学生支援への挑戦——ナラティブ・アプローチとナレッジ・マネジメント——．金剛出版，pp.140-201.

2 ）水野薫・西村優紀美（2013）発達障がい大学生への小集団による心理教育的アプローチ——ナラティブの共有とメタ・ナラティブの生成——．学園の臨床研究，12, 19-27.

3 ）西村優紀美（2012）障害のある学生支援：障害と向き合う——自閉症スペクトラム障害のある学生への支援　谷川裕稔・長尾佳代子・壁谷一広・中園篤典・堤裕之（編）学士力を支える学習支援の方法論．ナカニシヤ出版, pp.216-223.

4 ）西村優紀美・日下部貴史・曽我有可，佐藤秀嗣（2020）発達障害大学生へのコミュニケーション支援——小集団ワークと個別面談における学生の語りを中心に——．学園の臨床研究，19, 7-16.

第4章

コミュニケーション・ワークショップ

1．はじめに

　発達障害のある学生に対する多彩なコミュニケーションの場を提供することを目的に，絵画や楽器，歌，ポエム等の素材をコミュニケーションツールとして活用した相互交流の場として，「コミュニケーション・ワークショップ」を年に数回開催しています。この活動は，第3章で紹介した「ランチ・ラボ」を企画した理由と同様で，発達障害のある人への良質で豊かなコミュニケーションの"場"を提供することにあります。

　簡単な素材をコミュニケーション手段にして，「今，ここでの関わり」を大切に，ワークを展開していきます。使用した素材は，音の出るおもちゃ，オルフ楽器※，絵本，自然素材等であり，なるべく身の回りにある素材を利用して，ワークの中で活用しています。また，季節や地域にまつわるテーマを取り上げ，ワークの素材として活用する場合もあります。

　コミュニケーション・ワークショップでは，ファシリテーターが以下のような場を維持していく努力をする必要があります[1]。

※オルフ楽器
　オルフ楽器は，カール・オルフ（Carl Orff 1895-1982）の音楽教育のために工夫された楽器として広く普及しています。

①　参加者がそれぞれに存在をおびやかされることなく安心して交流できること。

②　それぞれの人が持つ多様な価値観が尊重される場であること。

③　一緒に活動することの楽しさを味わうことができること。

また，参加者がそれぞれに自己表現し，双方向に影響し合うワークショップを目指すために，その展開に当たっては次の4つのポイントが重要です。

①　センシビリティ（Sensibility）：自分自身の五感を通じた身体感覚や物事に対する感じ方に気づき，周囲の人たちと調和しながら物事への新しい視点を築いていくために感覚を鋭敏にしていくこと。

②　コミュニケーション（Communication）：自分にとって心地よいコミュニケーションのあり方を見つけ，他者と向き合うことを体験から学び，双方向の関係性を構築していくこと。

③　クリエイティビティ（Creativity）：自分自身の内側にある創造力をさまざまな活動を通して掘りおこし，自分にしかできない新しい活動を模索していくこと

④　エンターテイメント（Entertainment）：自分自身の良さや自分の活動をより深く理解してもらうために必要な表現力を身につけ，まわりの人に感動や喜びを伝えていくとともに，自分自身にも影響を与えるもの。

この4つは段階的であり，かつ，相補的です。自分自身の感性を鋭敏にさせ，自らの内側に芽生える発想や工夫を他者に表現したくなるような場であることがワークショップでは重要です。自分自身の感性や感覚，感情と，他者の感性や感覚，感情が共有され，複数の人々との関係性の中で自分自身を認識していくプロセスがここにはあるといえます。

2．コミュニケーション・ワーク

ここでは支援室の小集団活動で行ったコミュニケーション・ワークショップをいくつか紹介します。

《音と詩を媒介としたコミュニケーション》

(1)　ねらい

①さまざまな音や楽器に出逢い遊ぶことで，音を媒介にしたコミュニケーションのおもしろさを知る。

②詩に出逢い，誰かと一緒に詩を作ることで，言葉を媒介にしたコミュニケーションの可能性を探る。

(2)　準備物

季節（春夏秋冬のいずれか）の詩を数編，季節の写真を数枚，小さな楽器，紙，鉛筆（ボールペン，色鉛筆）

※詩や写真のテーマは，季節だけでなく，自然の風景やオブジェ，人物，動物などに変えることができる。

(3)　展開

　写真を素材に，コミュニケーションを展開していきます。言葉の意味はそれほど重要ではなく，写真から受け取ったイメージを，単語や擬音・擬態語で表し，それをつなげて詩として作り上げていきます。写真自体が多くのことを語りかけているので，そこに添える言葉は少なくても問題はありません。多くの言葉を重ねるよりも，単純で短い言葉が，相手に多くのことを物語る場合があります。

表4-1　音と詩を媒介にしたコミュニケーションの指導案

キーワード	内　　容
詩のテーマ性 詩の作り方 言葉のイメージ 詩人になる	1．詩と出会う 　①　用意された数篇の詩から，興味がある題名の詩を選び，その詩のところに集まる。 　②　代表して，一人がその詩を読む。 　③　詩集からいくつかの詩を朗読し，その詩に合った詩人名を考える。 　④　これから詩を作るため，自分の詩人名を作り，発表する。
詩のイメージ 写真と言葉の共有 仲間との共有 内面から出る言葉 仲間との接点 表現の融合 言葉が持つ力 朗読のおもしろさ	2．詩を作る 　①　季節のイメージ写真を用意し，各自，気に入った写真を1枚選ぶ。 　②　選んだ写真を持って，ペアを組む 　③　ペアの人と，お互いの写真の共通点や季節についての話題，自身の詩人名について話す。 　④　ペアで一つの詩を作る為に，詩人名の共通点の確認をし，準備する。 　⑤　ペアで1行ずつ交互に文章を書き，詩として仕上げる。 　⑥　その詩を朗読して発表する。
言葉と音の融合 音の付け方を考える 仲間との試行錯誤 役割分担	3．詩に音楽をつける 　①　音付きの詩の朗読をした後に，音のつけ方のパターンを話す。 　②　ペアごとに，どんなパターンで音をつけるのが良いか，二人で試行錯誤をする。 　③　役割，演出等を考えて，詩と音の作品に仕上げる。
表現の場の設定 演出	4．作品の発表会 　季節の写真のスライドショーをバックに作品の発表をする。

写真4-1　秋の写真「もみじ」

写真4-2　もみじのケーキ

≪秋の詩とあそぶ―のはらうたの世界から詩を作る―≫

(1)　ねらい

　工藤直子『のはらうた』の秋の詩をモデルに詩を作っていくことで，詩を身近なものとして捉え，詩を材料にさまざまな角度で遊んでいくこと，自分の言葉として表現していくことを体験する。

(2)　準備物

　『のはらうた』工藤直子（童話社），Ａ３用紙，楽器（鈴・トライアングル，鉄琴等）

(3)　指導展開

　秋をイメージした言葉を連想し，付箋に書いていきます。詩を作るにあたって，最初に何篇かの詩を朗読してもよいでしょう。『のはらうた』では，作者の名前もいろいろなので，その雰囲気を引き継ぐため，自分なりの詩人としての名前を考えます。これからの活動が自由かつ自分なりの創造力を発揮してもよいというメッセージになります。自身の考えや思いを表現することに抵抗がある人でも，そこに遊びの要素があることがわかると結果を恐れず表現できる場合があります。正解がない活動であり，他の誰かと比較する性質のものでもありません。ここで表現されることはすべて価値があることを，活動を通して伝えていきます。

　思いをすぐ言葉にできない学生は，秋をイメージする際，得意な分野を提案すると，次々とイメージをひろげ，支援者より多くの言葉を書き込んでいきます。たとえば，音楽が好きな学生には，支援者が最初に「ベートーベン」，「秋の歌」などの単語を書くと，そこから連想して次から次へと言葉があふれてくるようで，あっという間にたくさんの言葉を書き込んでいました。

　言葉遊びが好きな学生は，支援者が一つの単語を書くと，それにまつわる知識をその場で話し，そこから連想される言葉を2〜3つ続けて書いていました。話すことが好きで，ランチ・ラボでも他の参加者の言葉を駄洒落に変えて話す等があった学生ですが，得意な言葉遊びを存分に発揮した作品となりました。

　参加した学生は，「詩を作る活動は，最初は言葉がまったく思い浮かばなかったけど，周りを見ていたら書けた，楽しかった」，「経験したことや見たことからイメージができた，少し自信がついた」，「自分から進んで活動できて本当にうれしかった」などの感想を語っていました[2]。

表4-2　秋の詩の指導案

キーワード	内　　容
擬人化の楽しみ 秋のイメージ 詩人になる 自分の言葉を見つける	1．ウォーミングアップ 秋のイメージとなる言葉を言ってもらい，その言葉と 自分の名前を組み合わせて，本日の名前を決める。 自分が作り出すことが表現になることをイメージする。
詩の要素 要素をモデルと考える 想像力 言葉の力 詩人になる	2．詩をつくる① 『のはらうた』から抜粋した秋のイメージの詩の一部を空白にし，そこに自身が考えた言葉を入れる。各人が出した詩を読み合って，その響きの違いを感じてみる。そこに自身の作者の名前を入れる。
タイトルのつけ方 解釈の多様性 言葉のリズム キャラクターを考える 朗読の楽しみ	3．詩をつくる② 上記の詩のタイトルをテーマにし，そのテーマからイメージする言葉を書き出す。それを，組み合わせて，そのタイトルに合う詩を作る。作者である各自のキャラクターに合わせて，言葉使い等も変えてみる。各人の詩を朗読し合う。
『のはらうた』の世界観 詩人が使うことば 朗読の仕方 モデルとなる言葉の選択	4．工藤直子の詩を味わう 上記の作者名，タイトルの秋の詩を朗読し合う。 読み方による詩の印象の違いも楽しむ。気に入った箇所は，その一部を次に作る詩のモデルとする。
詩を別の表現媒体で表現する 楽器の奏法と解釈	5．作った詩に音をつける 2または3で作った詩に楽器一つを選び，その楽器の奏法を変えて，詩の朗読に音をつける。

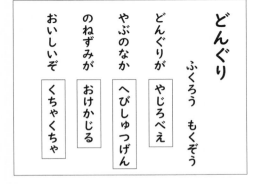

図4-1　誠也さん作成の詩①

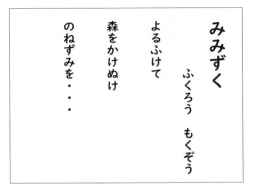

図4-2　誠也さんの詩②

≪冬のショート・ストーリー≫
⑴　ねらい
　テーマから思い浮かぶ言葉をつなげ，オリジナルの詩を作ることによって，さらに詩を身近なものとして捉え，表現することの楽しさを体験する。

表4-3　冬のショート・ストーリーの指導案

キーワード	内　容
冬のイメージ 自分の言葉を見つける 詩の要素 言葉の力 詩人になる タイトルのつけ方 解釈の多様性 言葉のリズム 朗読の楽しみ 詩の表現の多様性	1．詩を作る① 　「冬」から連想する単語を付箋に書いていく。 　単語をつなげて詩のように構成する。 　一人ずつ詩を詠う。 2．詩を作る② 　ペアになり，それぞれの単語をつなげて詩を作る。 　詩のタイトルをつける。 　それぞれの作品を発表する。 　他のペアの作品を詠む。読み方を工夫する。 　感想をシェアする。 　詩の雰囲気，朗読の仕方に合わせて，楽器を一つ選び，その楽器の奏法を変えて，詩の朗読に音をつける。 3．ショート・ストーリーを作る 　全員の単語をランダムに置き，好きな単語を3つ選ぶ。 　選んだ単語を使って，物語を作る。 　次の人は，同じように好きな単語を3つ選び，先の人のストーリーの続きを作る。 　全員の単語をすべて使って，物語を作り，終結させる。
絵カード 詩人が使う言葉 朗読の仕方 モデルとなる言葉の選択	4．絵カードを素材に，詩を作る。 　絵カードからイメージするタイトルをつける。 　思いつく単語を書き出し，組み合わせて詩を作る。 　一人ひとり，詩を朗読する。 　自分以外の詩を，イメージを大切にしながら朗読する。
詩を別の表現媒体で表現する 楽器の奏法と解釈	5．絵カードを素材に，ショート・ストーリーを作る。 　絵カードから思いつく単語を付箋に書き出す。 　単語をつなぎ合わせ，物語を作る。 　絵カードと物語を聞いて，それぞれがイメージに合ったタイトルをつける。 　物語に音をつけ，発表する。

(2)　準備物

　絵カード・写真・写真集・付箋，楽器（鈴・トライアングル，鉄琴等）

(3)　指導展開

　何枚かある絵カードの中から好きな絵カードを選び，それを題材にしたポエムを作ります。

　それぞれが絵を見て触発されたことを単語で表したり，音をイメージして擬音・擬態語をつけたりなど，自由に言葉を創り出していきます。解釈は人それぞれであり，それぞれの表現はすべて違うが，どれも間違いではないこと，他の人の表現を楽しみながら参加することを確認しながら活動を進めていきました。

　ある学生は，たくさんの絵はがきの中から自分の気に入ったものを選び，それに触発されて心に浮かんだ言葉をつないで，即興でポエムを作っていました（写真4-4）。

　「クリスマス，降り積もる雪……メシア，メシア，メシア……外では冬のしじまが刺すような月の光を浴びてシーンとしている……」

　メシアとは旧約聖書でキリスト（ヘブライ語でメシア）のことです。日本語の「飯や（あるいは飯屋）」と掛詞になっているとのこと。小説家になりたいと言い，多くの小説を読んでいる学生の作品で，学生の言葉の選び方に本人の良さが表現されている作品でした。

　写真4-5 は，別の学生が選んだ絵はがきです。雪が降り積もった森に一本のモミの木があり，クリスマスツリーのように装飾されています。この絵はがきから浮かんだ言葉をつないで作ったのがこのポエムです。

　「青の世界，静かに降り注ぐ白い雪，キラキラ淡い光を放つイルミネーションと月，華やかで優しい色の世界」

　色に惹かれたという学生の作品です（写真4-5）。朗読の仕方も工夫し，それを引き立てる鉄琴の柔らかな音が重なり，クリスマスの雰囲気を醸し出すひとときとなりました。

　コミュニケーション・ワークショップに参加した学生は，「自分はしゃべることに関して自信はないですが，しゃべらずともコミュニケーションできるということを知り，少

写真4-3　冬の写真・絵カード

写真4-4　クリスマス，降り積もる雪

写真4-5　ツリーに降り積もる雪
キラキラ光る光と月

し自信がつきました」,「楽器を使った活動では,リズムを合わせるのが苦手だというコンプレックスがありましたが,やっているうちにそういった意識は薄くなっていきました」,「自分から進んで活動できたことが本当にうれしかった」,「普段は人との関わることにはあまり関心はなかったけど,今回はとても楽しかった」などの感想を語ってくれました。

　通常の個別面談では扱われることのない「非言語的なコミュニケーション・ワーク」により,他者と共感すること,他者と響きあうことを文字通り体験することができ,さらに,遊びの要素が加味されることで,自分なりの工夫が活かされ,コミュニケーションを楽しんでいる様子が見られました。

≪表情と声を演じる≫

⑴　ねらい

①表情や声など,社会との接点ともいえる身体のパーツを使い,自身の新たな表現の幅を広げ,感情のコントロールを意識するきっかけを作る。

②仲間と一緒に楽しい雰囲気の中で行うことで,仲間の特性,新たな面を発見することを楽しむ。

表4-4　表情と声を演じる指導案

キーワード	内　　容
自己紹介のあり方 目の視線を外す感覚 声を変化させる楽しみ 固定された表情に身を委ねる 表情によって変わるニュアンスの違い	1.「おもしろアイマスク」で遊ぶ 　①いろいろな「おもしろアイマスク」を試す。可能なら鏡を見る。 　②マスクをしたまま,いろいろな「挨拶」や日常的な言葉を言い,表情による変化,可能性を楽しむ。 　③いろいろなおもしろアイマスクをしたまま,相手を変えて,2人で即興芝居をする。 　④パートナーを作り,気に入った「かおマスク」でショートストーリーを作る。簡単な会話は,付箋に書いて表現する。
即興の可能性 自身の表情を作る	2.「かおレイヤー」で遊ぶ 　①いろいろな「かおレイヤー」を試し,鏡で自分の表情を見る。 　②「かおレイヤー」をして話をし,表情の変化による受け止め方の違いを楽しむ。
シナリオ（会話）を作る	③いろいろな「かおレイヤー」をして,相手を替えながら二人組で即興芝居をする。 　④二人組で,気に入った「かおレイヤー」で話を作る。シナリオを付箋に書いて表現する。
オリジナリティ 新しい発見 創造性と協調性	⑤クリアファイルで,自由に自分の「かおレイヤー」を作る。 　⑥相手を替えて,新しい話を作る。 　⑦簡単な楽器で効果音を作り,発表する。

(2)　準備物

　おもしろアイマスク・かおレイヤー（hello-toys社製）・クリアファイル・油性色マジック

(3)　指導案

　視線を合わせるのが怖い，顔を見ることに抵抗があるという発達障害のある学生に対し，あえて，表情をテーマに行ったワークです。アイマスクなどで顔の一部を隠し，コミュニケーションを楽しむ活動は思いのほか活発に展開することができました。

≪出会いのワークショップ≫

(1)　ねらい

①非言語的コミュニケーションを中心にした動きのワークショップを通して，自己解放を図る。

②さまざまな音，楽器に出逢い遊ぶことで，音を媒介にしたコミュニケーションのおもしろさを知る。

(2)　準備物

　簡単な楽器・音の出るおもちゃ

(3)　指導展開

　このワークは，非言語的コミュニケーションであり，初めて出会った人との出会いのワークショップとして位置づけられ，身体をほぐす遊びや活動を入れ，緊張感を和らげることを目的としています。会場となる空間に慣れること，ファシリテーターの存在とワークへのポリシーを理解してもらい，相互のコミュニケーションを図るための活動です。自由度が高い活動に抵抗感を持つ人もいますが，否定されない雰囲気をファシリテーターが維持し続ければ，次第に自分なりの判断で動くことができるようになります。たとえば，動きたくない人がいても，他の参加者があいさつに来れば，そこには関係性が成立します。新型コロナウイルス感染症防止のために，スキンシップエクササイズができない場合，フィジカルディスタンスを保ちながら行うこともできます。

　「気配でゴー」は，まさに，身体的距離を取りながら行うエクササイズです。「動く―止まる」という言語指示や合図がなくても，参加者の動く気配を感じて「動く―止まる」を繰り返す活動です。

　非言語的コミュニケーションの意味が，この活動を楽しむ中でわかっていくのです。ファシリテーターは，自ら活動を楽しみ，リラックスした雰囲気を作るように心がけます。自然に発生する笑いや歓声が，身体と心のリラックスを促進します。ワークの最初は，この活動から始めると決めておくのも一つの方法です。

表4-5　出会いのワークショップの指導案

キーワード	内　容
コミュニケーション スキンシップ 自己解放と笑い	1．ボディ＆ハートエクササイズ 　①「ハローボディ」 　　世界の挨拶をしながら，体の部位をくっつけ合うスキンシップエクササイズを行う。
他者の気配を感じる 音と動きの関係性	②「気配でゴー」 　　仲間の気配を感じて，動いたり止まったりする。目に見えるものを声にしながら歩くバージョンも行う。
パートナー遊び スキンシップ	③「磁石エクササイズ」 　　ペアで体の一部分が磁石のようにくっつくという設定で部屋を動き回る身体エクササイズを行う。
複数の人との関係性 他者に身を任せる	④「ロボットエクササイズ」 　　3名1組になって，ロボット遣いと，ロボットの役割で，スタートとゴールを決めて動くロボットエクササイズを行う。
音と動き 即時反応 指揮者の役割 身体表現	⑤「ストップ＆ゴー」 　　楽器の音が鳴っている間は動き，音が止んだら止まるという即時反応エクササイズを行う。止まった際に，指定の場所に触ったり，身体表現で形を表すバージョンも行う。

≪出会いのワークショップ〜他者との共同作業〜≫

(1)　ねらい

①非言語的手段を用いたコミュニケーション・ワークを通して，人との距離感や関係性に気づく。

②音を媒介にしたコミュニケーションのおもしろさを知る。

(2)　準備物

　簡単な楽器・音の出るおもちゃ・Ａ4用紙・色鉛筆・クレヨン・色紙・色上質紙（多色）・糊

(3)　指導展開

　「バースデー・ライン」は，自己紹介の一つの方法です。テーマを「誕生日」と限定することによって，話しやすくなります。また，同じ誕生月のグループを作ることによって連帯感が生まれ，「○月生まれの私たち」という仲間意識を持つことができます。生まれ月をめぐるさまざまな視点で，自分のことを語ることができるので，自己紹介への抵抗感が少なくなることが期待できます。たとえば，「誕生日と家族」をテーマに自己紹介することもできますし，「誕生日にあった世の中の出来事」をテーマにすることによって，個人的な話題を避けることもで

きます。「夏に生まれた私の思い出」という季節をテーマにすることもできます。つまり、過去の自分に深く迫る内容に焦点を当てることもできるし、そこを避けて話すこともできる点で、有効なワークと言えるでしょう。

　「音と遊ぶ」では、楽器をコミュニケーションの媒介物としますが、「なぜ、この楽器を選んだか」を話すことで、その人となりが表現できます。一般的な自己紹介には抵抗がある人でも、「なぜ、この楽器を選んだか」を語ることにはそれほど抵抗感はないようです。

　「音と遊ぶ」では、参加者がお互いに影響し合うことを感じることができる4つのワークを行います。どの活動にも必ず役割交替があります。「音のキャッチボール」では、特定の人に向かって自分の好きな音を届けるという気持ちで、相手に音を届けます。体の向きや視線で渡したい相手を特定し、目が合ったときにやっと音を届けることができます。

写真4-6　アイマスクをして挨拶

写真4-7　アイマスクで自己紹介①

写真4-8　アイマスクで自己紹介②

写真4-9　かおレイヤー

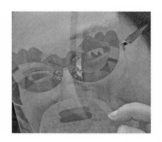

写真4-10　シートを顔に当てて、自己紹介

写真4-11　クリアファイルで自作のかおレイヤーを作る

表4-6　出会いのワークショップ―他者との共同作業―の指導案

キーワード	内　　容
コミュニケーション 自己解放と笑い	1．バースデー・ライン 　①「バースデー・ライン」 　・1〜12月生まれまで，生まれた月日の順に並び，円になる。 　・コミュニケーションはジェスチャーのみで，無言で行う。 　・左右の人と順番が間違っていないか，言葉で確認する。
「生まれ月」への回顧 複数の人との関係性 過去から現在への回顧 プレゼンテーション	②「誕生月」 　・誕生月ごとにグループになり，誕生日にまつわるエピソードを紹介する。人数が少なければ，四季ごとにグループになる。 　・メンバーのエピソードをもとに，ショートストーリーを作る。 　・自分の誕生月の色を選ぶ。模造紙に，選んだ色紙（色上質紙）を切ったり破ったりして，自由に貼っていく。他の人の色を邪魔しないように，良い塩梅で貼る。 　・グループごとに，仕上がった作品に合う音楽をつけていく。 　・グループごとに発表する。
音と動き 即時反応 指揮者の役割 音とリズム	2．音と遊ぶ 　①「手拍子回し」 　起点になる人を決め，順番に手拍子を隣の人へ送る。 　速度の緩急や音の強弱をつけ，手拍子を回す。 　指揮者役を決め，指揮に合わせて変化をつける。役割交代をする。
楽器との出会い 楽器の特性 ゲーム性	②「音回し」 　好きな楽器を選び，一人が一つの音を順番に出していく。 　音が聞こえる間は次の人は音を出さない，音を重ねていく等の変化をつけて，音色を楽しむ。
音を受け止めること 音を誰かに渡すこと	③「音のキャッチボール」 　キャッチボールのように，自分に来た音をキャッチし，誰かに音を回していく。 　声を出さず，目が合った人へ音を渡す。
リズム 音楽への興味 他者への関心	④「オスティナート」 　8拍のリズムを決め，そのリズムで楽器を鳴らし続ける。 　次の人が，自分のリズムを重ねていく。 　全員がリズムを刻んだら，一人ずつ順番に音を消していく。

3．まとめ

　コミュニケーション・ワークショップは，「私たちが共に豊かなコミュニケーションの場を
創っている」という活動の意義を実感できる場です[2]。個々の参加者の解釈の違いそのものが
尊重されるので，一人ひとりが持っている個性・特性が常にポジティブに受け止められ，自分
自身のオリジナリティが尊重される機会となり，自分はここにいていいという自己存在感を実
感できるコミュニケーションの場となります。通常の個別面談では扱われることのない「非言
語的コミュニケーション・ワーク」を取り入れることによって，他者と共感すること，他者と
響きあうことを文字通り体験することができ，さらに，遊びの要素が加味されることで，自分
なりの工夫が活かされ，コミュニケーションを楽しむことができます。

　参加学生の感想をいくつか紹介したいと思います。
〇ワークショップの内容について
・今日のワークはしゃべり中心でなく，楽器を鳴らすことを中心とした活動だったので，新し
　く思った。
・私は単純な楽器が好きなので，こういった活動はとても楽しかった。
・楽器の演奏やリズム合わせなどとても自発的に参加できた。
・皆も自分も楽しく活動できてよかった。
〇人とかかわりながら活動するということについて
・自分は，しゃべることに関して自信はないが，しゃべらずともコミュニケーションできると
　いうことを知り少し自信がついた。
・もともとリズムを合わせることに苦手意識があったが，単純な楽器ばかりだったので，そう
　いった意識は薄くなった。
・自分から進んで活動できたことが本当にうれしかった。
・普段，人とのかかわりについて，あまり外に向かっていなかったけれど，今回はとても楽し
　かった。

　支援者は学生に対して指示や誘導を行いません。たとえば，あらかじめ支援者が「正解」を
持っていて，支援者が期待する回答を求めるようなことはしていないのです。いわゆるソー
シャル・スキルズトレーニングとしてのアプローチはしていないにもかかわらず，学生たちは
自分の意見を語り，互いの意見を聞き合い，良いところは積極的に取り込もうという態度を身
につけていくことができました。
　前章の繰り返しになりますが，発達障害のある人へのコミュニケーション支援とは，「良質
で豊かなコミュニケーションの場を提供すること」にあり，良質な関係性の中で，自らコミュ

ニケーションを楽しみ，新しいことにもチャレンジしようとする意欲や挑戦する遊び心を持つようになります。緊張感の中で，間違えるかもしれないという不安の中では，良質なコミュニケーションは生まれません。彼らは安心できる関係性の中で，自ら良いモデルを取り込もうとすることをまとめとして伝えたいと思います。

〈西村優紀美・柴田礼子〉

参考文献

1）西村優紀美（2010）コミュニケーション教育法．斎藤清二・西村優紀美・吉永崇史（編著）発達障害大学生支援への挑戦——ナラティブ・アプローチとナレッジ・マネジメント．金剛出版．
2）西村優紀美・日下部貴史・曽我有可・佐藤秀嗣（2020）発達障害大学生へのコミュニケーション支援——小集団ワークと個別面談における学生の語りを中心に——．学園の臨床研究, 19, 7-16.

第5章

With Sports!
──ピア活動としてのインクルーシブスポーツ

1．はじめに

　障害のある学生支援を担当しているアクセシビリティ・コミュニケーション支援室では，学生同士が仲間として支え合うピア・サポート活動を行っています。ピア・サポート活動の多くは，身体障害のある学生の移動介助とパソコンノートテイクであり，ここではピア・サポーターが「支援する立場」で，障害のある学生が「支援される立場」と固定的な関係性になりがちである点が課題となっています。たとえば，障害のある学生が「学生同士というよりも，自分が障害者だからサポートしてくれているのではないか」，「義務みたいにサポートされるのは嫌です」，「自分と同じ学生に手伝ってもらうのは申し訳ない」などと感じてしまいがちなのですが，そこを払しょくするためのさまざまな活動を企画してきました。その取り組みの一つが，ピア・サポーターと身体障害のある学生の双方が参加する「ピア・ミーティング」と「ピア・セミナー」です。これら二つの活動を定期的に開催することによって，お互いの思いを尊重し合い，対等に学び合う機会となることを期待するとともに，さまざまな活動を通して，ピア・サポート活動がよりインクルーシブな場となるように工夫してきました[1]。

　また，支援室では発達障害のある学生に対し週一回の小集団活動（ランチ・ラボ，第3章参照）を行っています。ここでは，発達障害のある学生の対人的コミュニケーションの育成と，自己理解を促すことを目的に，障害のある学生だけのクローズドの活動として開催していま

す。具体的には，テーマに沿って自分の考えを表明し，参加者のそれぞれの意見を聞く構成的エンカウンターグループの形をとっています。そのほかにも，音楽や制作活動を通したコミュニケーション・ワークを企画しており，なかなか自分の思いを表明するチャンスのない発達障害のある学生のコミュニケーション上の成果が得られつつあります[2]。

　これまで行ってきたコミュニケーション・ワークには，スポーツなどの身体を動かすことをコミュニケーションツールとした活動はありません。その理由は，身体を動かすことやスポーツに関して非常に強い苦手意識のある学生が多いからです。特に勝ち負けがはっきりしているスポーツに対して拒否的で，自らその機会を求める学生はほとんどいないと言っていいほどです。もともと身体を動かすことはだれにとっても快の感覚をもたらすものであるはずなのに，スポーツへの抵抗感は拭い去ることができないようです。義務教育段階から体育や体を動かすことへの抵抗感がある発達障害のある学生にとって，楽しいと思えるスポーツ，もっとやってみたいと思えるスポーツの開発が求められています。

　今回，ピア・サポート活動としてのインクルーシブスポーツ「ボッチャ」をコミュニケーションツールとして，ピア・サポーターと障害のある学生のより直接的な交流を図り，「支援する立場―支援される立場」を越えたピア活動のきっかけづくりにしたいと考え，「With Sports!」を企画しました。

2．インクルーシブスポーツ「ボッチャ」体験プログラムの実施

(1)　目的
　・障害のある学生と障害のない学生が一緒にインクルーシブスポーツ「ボッチャ」を楽しみ，仲間とのコミュニケーションを深める。
　・ボッチャ体験を行う前後にアンケートを実施し，体験の前と後とでスポーツに対する印象や心情に変化があったかを調査する。

(2)　実施の方法
　　　インクルーシブスポーツ「ボッチャ」体験プログラム

> 　「ボッチャ」とは，ジャックボール（目標球）と呼ばれる白いボールに，赤・青のそれぞれ6球ずつのボールを投げたり，転がしたり，他のボールに当てたりして，いかに近づけるかを競う競技。
> 　1988年のソウル大会よりパラリンピックの正式競技として採用されている。
> 　　　　　（一般社団法人 日本ボッチャ協会HP より：https://japan-boccia.com/about ）

(3)　実施の対象
　　○ピア・サポーター（発達障害のある学生（巧さん）1名を含む）15名

　○身体障害のある学生（車椅子ユーザー）2名　　　　　　合計17名

⑷　インクルーシブスポーツ「ボッチャ」体験プログラムの結果

　参加学生のほとんどは，インクルーシブスポーツやパラリンピックで行われるスポーツについて，知りませんでした。一般的に，大学生は義務教育課程で体験した競技スポーツ以外のスポーツを知る機会が少なく，インクルーシブスポーツをイメージすることが難しいようです。実際に体験することによって，障害のある学生だけでなく他の参加学生の体育やスポーツに対するイメージが変わったことがインタビュー結果からわかりました。自由記述では，「楽しく」，「面白い」等のポジティブな言葉の記述や，「仲間」という言葉が複数見られました。

　また，短時間でしたが，発達障害傾向のある学生（誠也さん）も見学という形で参加することができました。誠也さんは，支援室が個別面談と週一回のランチ・ラボで支援してきており，今回の見学まで一度も体育館を訪れたことがなかったという学生です。

⑸　インクルーシブスポーツ「ボッチャ」体験プログラムの考察

　ボッチャをコミュニケーションツールとして楽しむことを共通の目標にすることで，障害のある学生とピア・サポーターとの直接的な交流が自然と生まれました。一つの身体活動を共にすることにより意図せずともコミュニケーションや会話等の直接的な交流の機会を作り出し，相互理解のきっかけとすることができたと言えます。インクルーシブスポーツのように障害の有無にかかわらず，誰もが楽しめるスポーツは，運動への苦手意識や拒否的感情がある発達障害のある学生に対するコミュニケーション支援の一助となる可能性が示唆されます。今後，支援室からインクルーシブスポーツに参加する機会を提供するだけでなく，学生自らがインクルーシブスポーツの開催の企画をしたり，自分たちに合わせた競技を開発したりする場を設けることで，さらに学生同士の交流の機会を増やすことができます。

　見学という形で参加した発達障害の傾向がある誠也さんが，今回初めてピア・サポーターとの交流の場に足を運んだのは，小集団活動「ランチ・ラボ」で毎週のように顔を合わせている巧さんから誘われたことが大きく影響していると考えられます。学生同士の交流がほとんどなかった誠也さんですが，巧さんをキーパーソンにして，新しい仲間との交流の場に踏み込むこと

写真5-1　ボッチャ①

写真5-2　ボッチャ②

ができたことは，まさに，学生同士，仲間が仲間を支えるピア・サポートなのではないでしょうか。

⑹　障害のある学生への「ボッチャ」体験の実施

　ピア・サポーターに対するボッチャ体験と同じ内容を，発達障害のある学生のランチ・ラボで行いました。参加者はボッチャを体験した巧さんと，見学した誠也さん，そして，ランチ・ラボに参加している潤さんです。週一回行っているランチ・ラボの時間に，ボッチャ体験について話題に挙げ，実際に体験してもらいました。その後，ボッチャを体験したことについて，ランチ・ラボの中で話題に挙げ，さらには個別面談の際に活動についての聞き取りを行いました。

　巧さんの協力を得ながら，ルールやゲームの流れを説明し，支援者とともにボッチャを体験しました。ゲーム形式での練習を行った後，その延長としてゲームを行いました。それぞれがボールの投げ方を工夫し，コツを伝え合ったり，チームの敵味方関係なく，戦略について声を掛け合ったりと，コミュニケーションをとる場面が多く見られました。学生が上手にボールを投げられた後，仲間や支援者からの褒め言葉や声掛けに対して笑ったり，喜んだりする様子や，ボールを重ねて自分たちで遊ぶ様子も見られました。

　誠也さんは大人との会話では，自ら発言することはほとんどないのですが，ランチ・ラボでは巧さんが誠也さんに対して，「誠也先輩」と声をかけ，積極的な関わりを自然に求めていくせいか，誠也さんから巧さんに声をかけたり，話題を振ったりすることができるようになっていました。その巧さんから誘われ，一緒に楽しむことができたことは，ピア・サポートそのものであると言えます。その後，誠也さんには個別にボッチャのことを話題にしてみました。「もう少し支援室で練習したら，体育館でやってみてもいいかもしれないね」という声掛けに対して，うなずきでの返答がありました。この後，小集団活動の中でさらに数回の練習を行えば，ピア・サポーターとの体育館でのボッチャのゲームへの参加につなげることができると考えられます。

3．専門家へのインタビュー調査

　インクルーシブスポーツの専門家である金沢星稜大学 井上明浩教授と，世界ゆるスポーツ協会の萩原拓也理事へのインタビューを行いました。

⑴　金沢星稜大学　井上明浩 教授へのインタビュー
①インクルーシブスポーツの特徴について

　アダプテッドスポーツやユニバーサルスポーツ，パラスポーツとは少し違うが，はっきりとした境目がない。ここでのインクルーシブとは，障害のある人とない人が一緒にやるという意味である。

②誰もが楽しめるスポーツ，障害のある人とない人が一緒にスポーツを楽しむときに大切なことについて

「Unity in Diversity」という 2020 年のオリンピック・パラリンピックのコンセプトと同じで，多様性を享受すること，違いを楽しむことが大切である。

楽しむためにやっているので，そこに集う仲間がどんな人か知ることが大切である。

みんなで楽しいとその楽しさが倍増する。

③勝ち負けにこだわる人へのアプローチについて

明らかにやる前から自分は負けるとわかっていたら，やる気が出るわけがない。楽しくない。たとえば，マスターズ陸上は，年齢にアダプトしているからやっていて楽しい。

(2)　世界ゆるスポーツ協会　萩原拓也 理事へのインタビュー

①ゆるスポーツの特徴について

「笑い」があるところ。

笑えるということは，ある意味でインクルーシブ，多様性を許容している。「笑い」というポジティブな気持ちの爆発が起こるのが，ゆるスポーツ。

②誰もが楽しめるスポーツ，障害のある人とない人が一緒にスポーツを楽しむときに大切なことについて

コンテンツの数を増やすのはとても大事。老若男女誰もが楽しめるスポーツは，１競技だけだととても難しい。

しかし，一度にする競技数が，５競技，６競技になると誰もが楽しめるようになる可能性が大きくなる。

そこにいる人たちの「『楽しい』の総和を最大化する」こと。勝ち負けも大事だが，そこにいる人たち全員が「『楽しい』の総和を最大化させる」ということがトッププライオリティ。

③勝ち負けにこだわる人へのアプローチについて

一人に合わせるためだけに，ルールや勝ち負けをうやむやにする必要はない。全体の軸をずらすのではなくて，その人に合うようにどうするかをみんなで考えてあげた方がよい。

(3)　専門家へのインタビュー調査の考察

インタビューの結果から，「インクルーシブスポーツ」や「ゆるスポーツ」のような誰もが楽しめるスポーツでは，参加者がみんなで「楽しむ」ことが最優先事項であり，得点することや，勝ちを目指すことは「楽しむ」ための一つの手段でしかないと言えます。「楽しむ」ことが全体の最優先事項であることを共通理解としてもつことが必要です。そしてその点を評価し，全体を把握しコーディネートするという観点をもった，指導者やファシリテーターのもとインクルーシブスポーツを行うことが望ましいと考えられます。

ピア・サポート活動として「楽しむ」ことを共通目標とするインクルーシブスポーツを実施

することは，学生同士のより直接的な交流のきっかけとなると思われます。

「インクルーシブスポーツ」と「ゆるスポーツ」の共通点としては，以下の5点が挙げられます。

①勝ち負けがあるからスポーツは面白い

負けが嫌いな人，勝ちにこだわりすぎてしまう人のために勝敗をなくすのではなく，どうしたら一緒に楽しくプレイできるか，その過程を考えることが大切。

②スポーツを通して他者と関わることを楽しむ

自分の声掛けやコミュニケーションの取り方が，その仲間にとって本当に適切かをよく考える必要がある。そのとき，その場，その人に合わせた関わりが重要である。

③インクルーシブスポーツとは，みんなで楽しむための身体活動

対戦相手や仲間という他者がいて成り立つものである。一緒に行うことで高め合えたり，楽しさが増したりする。

④仲間と共に共有する時間や空間，そして雰囲気を大切にする

スポーツを共に楽しく行うことが仲間との相互理解につながっていく。そのためには，その場の雰囲気や各参加者を理解し，全体を的確に導く指導者やファシリテーターのスキルが重要になる。

⑤全員の「楽しい」の総和を最大化する

一人が一番楽しんでいるときよりも，全体で楽しむ方が倍以上の「楽しさ」になるという考え方である。この楽しさの総和をうまく最大化するには，全体が楽しめるように導いていく指導者やファシリテーターが重要である。

4．まとめ

ピア・サポート活動として行ったボッチャ体験は，ピア・サポーターと障害のある学生との直接的な交流をする機会を生み出しました。さらに，参加学生のスポーツに対するネガティブなイメージをポジティブなものに変え，発達障害のある学生が運動するきっかけになりました。ピア・サポート活動の一環としてインクルーシブスポーツを継続的に実施することは，ピア・サポーターと障害のある学生の直接的な交流の場，相互理解の機会となり，このことは，多様性を享受し，違いを楽しむ環境を整えていくことにつながると思われます。

今後は，支援室が継続的にインクルーシブスポーツを実施するだけでなく，学生自らがインクルーシブスポーツの開催を企画したり，自分たちに合わせた競技を開発したりする場を設けていきたいと思っています。世界ゆるスポーツ協会の競技や，新競技の作り方を参考に新競技の開発をすすめ，複数の競技を用意したプログラムを考え，準備することで，「誰もが楽しめるスポーツプログラム」として展開していきたいと思います。

5．今後の課題

　ピア・サポート活動としてのインクルーシブスポーツ実施における課題として，以下の４つを挙げます。

　○さまざまな参加者に対応するために，一度に数種類の競技を用意すること。
　○全体を把握して導く，ファシリテーターや指導者のスキルアップ。
　○みんなで楽しく，安心してスポーツができる環境を整えていくこと。
　○チームのメンバーを変えて，多くの人と取り組むこと。

　自分の良さを知り，互いに認め合うことのできるインクルーシブスポーツを楽しむ環境を整えていくことは，多様性を享受し，違いを楽しむことに直結するものと考えます。

　本活動についてご協力いただきました金沢星稜大学の井上明浩教授，世界ゆるスポーツ協会の萩原拓也理事，富山大学教養教育院の水谷秀樹教授に感謝申し上げたいと思います。ご助言いただきありがとうございました。

〈佐藤秀嗣〉

参考文献

１）西村優紀美（2019）大学における発達障害のある学生支援──障害のある学生との共学は周囲の学生をいかに育てるか，日本特殊教育学会第57回大会自主シンポジウム．
２）西村優紀美・日下部貴史・曽我有可・佐藤秀嗣（2020）発達障害大学生へのコミュニケーション支援──小集団ワークと個別面談における学生の語りを中心に──．学園の臨床研究，19，7-16.
３）井上明浩（2015）国際試合におけるインクルーシブスポーツの調査研究──Sainsbury's Birmingham Grand Prix大会の状況──．金沢星稜大学　人間科学研究，8(2)，35-40.
４）藤田紀昭・齊藤まゆみ（2017）これからのインクルーシブ体育・スポーツ．ぎょうせい．
５）国立大学法人 富山大学 平成26年度 富山大学学生支援センター アクセシビリティ・コミュニケーション支援室報告書
（http://www3.u-toyama.ac.jp/support/communication/materials/index.html）（2021年1月12日確認）
６）佐藤秀嗣（2020）ピアサポート活動としてのインクルーシブ・スポーツの普及──With Sports富大の開発──．白鴎大学教育科学研究所年報，№15.

第３部

芸術的活動を通した
コミュニケーション支援

第6章

音楽的活動を通した
コミュニケーション支援

1. はじめに

　ここでは，五感を含めた総合的感覚を揺り動かすアプローチして，ドイツの作曲家でもあり，教育家でもあったカール・オルフ（Carl Orff 1895〜1982）の教育観を取り上げます。筆者は，オルフの考えをベースとしてさらにさまざまな感覚を1つの枠組みで体験できるようにプログラムを開発しました。ここでは，この考えによるプログラムを採用しているため，筆者がオルフ教育で述べていることも交えて，オルフ音楽教育の定義としています。

2. 手段としての音楽

　オルフは，教育面でもメソッドを持たなかった人です。彼が残したのは，「オルフ・シュールベルク」と呼ばれる作品群と理念だけであり，シュールベルクという作品群と理念を通して，私たちに伝えたかったことは，音楽のテクニックや理論ではなく，音楽を通じて，自分や周りのことを知ること，音楽を演奏したり創ったりする中で，自分を育て，自分の生き方を見つけていくことであるとしています[1]。メソッドがないということは，そのことに自由であると同時に，責任もあるということです。オルフは，彼の音楽に対する理念を以下のように説明しています。「私が子どものための音楽としたのは，エレメンタールな音楽です。エレメンタール

とは，ラテン語の Elementarius，つまり『要素』をなすものであり，構成の素材であり，根本的なものであり，出発点をなすものです。エレメンタールな音楽は，音楽だけが単独でありえないもので，身体の動きやダンス，ことばと結びついたものです。これは誰でもが自らすべきものであって，決して聴き手としてではなく，仲間として加わるべき音楽なのです。同時に，これは大規模な様式を構築するものではないのです。小さな音型を順につないでいったり，オスティナート（音型やリズムの繰り返し）の組み合わせ，小さなロンドなどの形式を取るものなのです。」[1)]

　オルフは，このようにして，身体表現とことば，歌，楽器での活動を一つに結んでいきました。彼が1948年9月15日から5年間も続けたというバイエルン放送の「子どものための音楽」は『Orff-Schulwerk Musik fuer Kinder』全5巻として出版され，この作品集と共に世界中にオルフ音楽教育が広まったとされています。しかし，オルフ自身は「このシュールベルクは，システムでもメソッドでもない。バイエルン地方の子どものための音楽とその教育のアイディアに過ぎない」と言っています。この発言は意味深く，その音楽をそのまま演奏するために，彼はこの作品集を作ったのではなく，彼がこのアイディアをモデルとして捉えており，私たちは自分たちの音楽を作っていく手立てを考えるきっかけを与えてくれているということを認識しなければなりません。

　オルフが語る「音楽」というものは，伝統や生活，文化を考え，音楽をする仲間や地域の人たちとの交流をも意味し，普遍性，日常性を示唆しているということです。オルフが考えていたエレメンタールな音楽というのは，音楽と人々との関わり合いそのものへの提言とも言えます。彼が言うエレメンタールとは，根源的な意味を持つもので，それは人が人としてあるべき，その人の核になるというような意味をも持ちます。そこが，オルフ音楽教育が，全人教育と言われるゆえんなのです。オルフが「子どもの実態そのものから音楽を始める。よって，民族性，地域性等の差異によって，教材，方法は異なる」と述べているように，その人が持っている伝統，文化，言葉によって教える内容も使用する教材も変化して良いということになります。だからこそ，オルフ音楽教育は，分野を超えた広がりを見せていくのであり，常に変化し続けていると言えるでしょう。

3．オルフ音楽教育から学ぶこと

　オルフと長年，一緒にオルフ音楽教育を推進してきたヘルマン・レグナー博士（Dr. Hermann Regner）によるオルフ音楽教育の理念は，以下の5つになります[2)]。

　①音楽教育は，母国語と共に母国語によって始まる。
　②音楽，踊り，ことば，そしてその他の芸術を一つの分野として認知する。
　③音楽教育において，すべての音楽パラメーターを体験するために，楽器の演奏も学ぶべき

である。

④「音楽を楽しむ」ということは，個人的な体験だけでなく，グループ体験でもあるべきである。

⑤音楽教育では，誰もが創造的に音楽に取り組んでいかれるようにするべきである。

　この中で，特に着目したい点は，②と⑤です。②のさまざまな芸術を一つの分野として認知するという点は，特にオルフ音楽教育の中の幼児や障害児を対象にした活動の中で，一つのテーマや項目を多角的に見ていくという特徴として挙げられます。幼児や障害児は，そもそも自分は何が得意で，何が好きかを自覚していないことが多いと思われます。しかしながら，大人がさまざまな分野から彼らにアプローチをすることによって，自分が得意なこと，自分がやってみて嬉しいことが経験的にわかっていくのです。

　子どもを対象にしたプログラムでは，核となる内容は事前に決定していても，参加するメンバーの興味や様子，状況によって内容を臨機応変に変化させ，子どもたちがその場で出していった表現を内容にどんどん入れていくことも特徴です。基本的には，プログラム内容を忠実に行うことが良いこととされているのではなく，変化させる柔軟性を持つことが大事とされています。そこにいるメンバーが，その場で自分の表現を楽しみ，仲間に受け入れられ，認められていると思えるという体験を重視しており，そのことを通して一人ひとりの自尊感情の向上につながることを重視しているのです。

　また，上記⑤で特筆すべき点は，活動の中では，子どもも指導者も同等の立場であり，子どもは常に課題をこなす立場としてではなく，時に指導者としての役割を担うような場面も設定されている点です。指導される立場だけでなく，指導者としての立場を担うという役割交換は大きな意味を持ちます。つまり，子どもが実感を伴って，自分の行為が人に影響を与えていると認識できる大事な要素となるのです。それは，自尊感情，自己効力感の向上に大きな影響を与える体験となります。

　上記のような役割交換の意義は，相互模倣の意義にも発展していくと考えられます。佐伯が「真似る」―「真似られる」関係を交代していくことが，意図的行為そのものの相互交換であると「相互模倣の順番取り」について述べていることからも明らかであると考えられます。佐伯は，相互模倣の場合，以下の３つの事柄が含まれるとしています[3]。

　ⅰ．わたしはあなたに興味がある。

　ⅱ．わたしはあなたと同じ“仲間”である。

　ⅲ．わたしは“あなたのもとにある”（あなたの指示に従う）

　この相互模倣の意味こそが，上記の自尊感情，自己効力感向上に寄与する大事なポイントになると思われます。それはつまり，模倣するべき内容の可否ではなく，模倣するべき内容の意味が問われているということなのです。特に，指導者と子ども（幼児，児童，生徒）というような，関係性が固定してしまっている枠組みの中で，その関係性が逆転するような場を持つこ

とによって，自分の存在意義についての実感を持つことが可能となるのです。

4．自閉スペクトラム症への支援

　ここでは，「解釈の多様性」の理解に向けて，現在の自閉スペクトラム症（ASD）の支援において の問題点と改善しうる方向性について整理していきたいと思います。さらにはこれらの問題点や改善しうる方法が，多義性を持ったコミュニケーション活動の中に存在するかについて検討していきたいと思います。

　文部科学省は，2010年5月に「コミュニケーション教育推進会議」を設置し，子どもたちのコミュニケーション能力の育成を図るための具体的な方策や普及の在り方について議論を進め，この年から「児童生徒のコミュニケーション能力の育成に資する芸術表現体験」を展開し，芸術的表現活動を取り入れたワークショップ型の授業を実施しています[4]。発達障害児に対するコミュニケーション教育においても，さまざまな支援がなされてきていますが，成人に対するコミュニケーション教育はそれほど多くありません。

　西村は，「社会性の障害」は，そもそも当事者の個体としての能力だけに起因するものかという疑問，「コミュニケーションの障害」はコミュニケーションを測る基準が，コミュニケーションの場で対峙している一方の人だけの能力をもって判定する方法論で良いのかという疑問があるとしています[5]。

　西村が指摘する「コミュニケーション障害」への疑問は，まさにアスペルガー症候群当事者の綾屋が投げかけている提言そのものでもあります。当事者研究で知られている綾屋は，「何故，心を理解しあえない理由を，一方の障害のせいにできるのか，例えば，アメリカ人と日本人，聴者と聾者との間で，コミュニケーションのすれ違いが起きる時は，どちらか一方に原因があるのではなく，相互の身体的・文化的差異が原因だとわかる筈である。では，健常者は自閉症とされる人達の意図や感情を読めているのか」と問うています[6]。西村は，コミュニケーション教育開発に当たって，以下の4つを重要なポイントとして挙げています[5]。
⑴　参加者がそれぞれに存在をおびやかされることなく安心して交流できること
⑵　それぞれの人が持つさまざまな価値感が尊重される場であること
⑶　活動は必ず振り返りを行い，参加者同士がシェアする機会があること
⑷　それぞれの活動に役割交換があること

5．一義性における指導法

　自閉スペクトラム症の人たちへの支援として，コミュニケーションスキルを身につけていく必要があるとして行われるソーシャルスキルズトレーニング（以下，SST と略記）がよく知られているところです。このトレーニングは，ある場面を設定し，基本的なコミュニケーショ

ンスキルや行動のスキルを学んでいくものです。アイコンタクトを取ることや，表情豊かに反
応することなどの非言語コミュニケーションを強化したり，対人関係での問題点などを解決し
たりするために，望ましい行動をターゲットにしたロールプレイを行っていくのです。近年
では，集団SSTや音楽SSTなど，さまざまな領域において SST が試行されています。田中に
よると，行動の矯正や修正だけを目的とするのではなく，問題となっている社会的認知面のト
レーニングを含むようになってきているといいます[7]。

　これまでの取り組みは，義務教育年齢の児童・生徒が対象者になっていることが多く，高校
生，大学生への実践例は少ないのが現状です。長年，大学生への支援を行っている西村は，自
閉スペクトラム症の人々が持つ「社会性」に関する特徴には，「人への関心のありかた」，「人
との距離間の違い」というような社会的相互関係における感じ方の違いや情報のキャッチの仕
方の違いが根底にあることを念頭においた方法論を展開し，その特徴をふまえた育成プログラ
ムが必要であるとしています[5]。さらに，それらは学齢期だけでなく，青年期・成人期の発達
障害者も想定したさまざまな年齢層に適応するプログラムであり，対人交流面でのネガティブ
な体験が多い自閉スペクトラム症の人々にとって有効な SST の開発が求められているとして
います[5]。

　筆者は，SST がうまくいかない一つの理由に，提示する内容が一義的であるがために，そ
こで培われたスキルの応用が難しいことが挙げられるのではないかと考えています。幼児を
対象にした「解釈の多様性」に関連する研究については，池谷[8]の五感を含めた総合的なア
プローチなどの研究もあるものの，発達障害児や自閉スペクトラム症児・者への「解釈の多
様性」についての研究は無視されてきたといっても過言ではないと思われます。SST のよう
な一義性における指導上の問題点があるのであれば，多義性としての指導方法があっても良
いのですが，その視点がずっと抜け落ちていたと言えるのではないでしょうか。その「多義
性」，「解釈の多様性」について，何が重要で，どんな意味が存在するのかを明らかにすること
は，自閉スペクトラム症のある人たちへの支援はもちろん，幼児から成人までの一般の人たち
への指導方法を検証していくに当たっても有効であると考えます。

6．コミュニケーション・ワークショップの実践

　筆者が支援室の「ランチ・ラボ」でおこなったコミュニケーションワークを紹介します。
ワークの始まりは，初めて出会う人々が一緒に活動する中で，緊張感が和らぎ，ふと笑いが誘
発されるような内容のものを準備しています。たとえば，「ハローボディ」というスキンシッ
プ活動は，身体のいろいろな部分を触れ合いながら，世界各国の言葉で挨拶をするというもの
です。身体の接触する部位を変えたり，接触するスピードを変えたりすることにより，身体接
触の程度を変化させることができ，身体接触に過敏な人への配慮ができるようになっています。
「気配でゴー」は，誰かが止まったり動いたりする気配を感じながら，自分が今どうするべき

かを判断していくという非言語的コミュニケーションの活動です。リーダーになった人が動き出したら，参加者がその雰囲気を感じて動き，リーダーが立ち止まったらその雰囲気を見て自分も足を止めるという活動です。リーダーは交代し，どちらの役割もできるようにしています。

　（1）テーマ：出会いのワークショップ

(1)　ねらい

　さまざまな音，楽器に出逢い，遊ぶことで，音を媒介にしたコミュニケーションのおもしろさを知る。動きや言葉を媒介にしたコミュニケーションの可能性を探る。

(2)　準備物

　さまざまな民族楽器，音具，音が出るおもちゃ，手作り楽器，形状のおもしろい楽器，おもしろい電子楽器など（特に楽器の種類は限定しない）

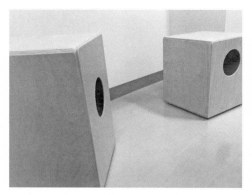

写真6-1　カホン（箱形の打楽器）

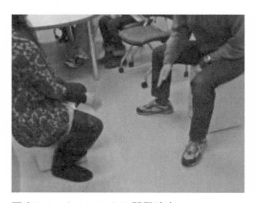

写真6-2　カホンによる即興演奏

写真6-3　音回し（1つの音を順番に出していく）

写真6-4　好きな楽器を選ぶ

表6-1　指導案①

キーワード	内　容
コミュニケーション スキンシップ 自己解放と笑い	１．ボディ＆ハートエクササイズ 　①「ハローボディ」 　　世界の挨拶をしながら，体の部位をくっつけ合うスキンシップエクササイズを行う。
他者の気配を感じる 音と動きの関係性	②「気配でゴー」 　　仲間の気配を感じて，動いたり止まったりする。目に見えるものを声にしながら歩くバージョンも行う。
パートナー遊び スキンシップ	③「磁石エクササイズ」 　　ペアで体の一部分が磁石のようにくっつくという設定で部屋を動き回る身体エクササイズを行う。
複数の人との関係性 他者に身を任せる	④「ロボットエクササイズ」 　　3名1組になって，ロボット遣いと，ロボットの役割で，スタートとゴールを決めて動くロボットエクササイズを行う。
音と動き 即時反応 指揮者の役割 身体表現	⑤「ストップ＆ゴー」 　　楽器の音が鳴っている間は動き，音が止んだら止まるという即時反応エクササイズを行う。止まった際に，指定の場所に触ったり，身体表現で形を表わすバージョンも行う。
楽器に出会う 音への嗜好性 ゲーム性 音を受け止める 音を誰かに渡す	２．音と遊ぶ 　①好きな楽器を一つ手に取り，円で座る。どうして，その楽器を選んだか，について，自己紹介と共に話す。 　②「音回し」一人，一つの音を順番に出していく遊びを行う。 　③「音のキャッチボール」キャッチボールのように，自分に来た音をキャッチし，誰かに音を回していく。
音を繋げる ゲーム性 音，リズムを意識する 音を楽しむ それぞれのリズムを尊重する 仲間と一緒に作り上げる	④「リレー音ギネス！」円の中央に2つのカホンを用意し，そのカホンを演奏する2人が，お互いに意識し合い，音が途切れることなく，誰かに音を回していかれるようにリレーで音，リズムを楽しむ遊びを行う。 　⑤「パズル・アンサンブル」各自のリズムをキープして，全員の即興に仕上げるアンサンブルを行う。

（2）テーマ：吹き出し伝言から始まるコミュニケーションの多様性

(1)　ねらい

　　絵本「おはなししましょう」（文・谷川俊太郎，絵・元永定正　福音館書店，2011）をモチーフに，吹き出しというものに着目をし，そこから，伝言，伝達，コミュニケーション，多様性について発展させていくことで，表現の多様性，独自性を感じていかれるようにする。

表6-2　指導案②

キーワード	内　　容
コミュニケーション 自分の感覚を意識する 気配を感じる 即時反応力	1．ウォーミングアップエクササイズ 　①「ストップ＆ゴー」 　　着席したままで，楽器の音が鳴っている間，指定されたところ， 　　感覚を意識し動かす，という即時反応エクササイズを行う。
ボディパーカッション 音の指向性 意識の向け方	②「手拍子回し」 　　自分の意識と音の両方を感じながら，手拍子のキャッチボールと， 　　順番に手拍子を回していく手拍子回しを行う。
声の多様性 文字と声の関係性 仲間を意識する	③「声回し」 　　付箋に書かれている文字を声に出して読み，隣の人に回していく 　　声回しを行う。
絵本の出会い方 絵本の可能性と展開 仲間と共有する 絵本を変化させる	2．絵本「おはなししましょう」に出会う 　①絵本を読む 　②絵本を回し読みする 　③絵本に細工をして，みんなで読む
吹き出しのおもしろさ パートナーとの関わり 想像力と創造力 音と文字の関係性 試行錯誤の時間を楽しむ 作品にする 作品を演出する 表現の多様性	3．吹き出しで遊ぶ 　①各自，小さな吹き出しに，文字を書き，それを音にする。 　②パートナーになって，相手が書いた吹き出しを読む。 　③自分の吹き出しをいろいろ作って，イメージで文を書く。 　④グループになって，その吹き出しを1枚の紙に絵のように置き， 　　どんな楽器の音が合うか，試してみる。 　⑤一人でパタパタ絵本のように，吹き出しを並べていって，作品に 　　する。タイトルを言うか，音を出すか，読むか，作品の表現方法 　　を考えて発表する。

写真6-5　絵本「おはなししましょう」（文・谷川俊太郎，絵・元永定正）

写真6-6　「おはなししましょう」の紹介

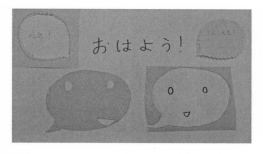

写真6-7　それぞれの参加者が，自分なりの吹き
　　　　出しを作る

写真6-8　ペアになって，吹き出しをもとに
　　　　ショートストーリーを作る

写真6-9　吹き出しと楽器でストーリーを発表
　　　　する

7．「書」のワーク

（1）はじめに

　発達障害児・者に対する社会的相互作用を育てるための SST は，小集団による社会的場面を作り，その場で実際の社会的体験を積む方法論が主流となっています。指導の多くは，義務教育年齢の児童・生徒がその対象になっており，それ以降の高校生，および大学生以上の年齢にある発達障害のある人々への実践例は非常に少ないのが現状です。ASD が持つ「社会性」に関する特徴には，「人への関心」や「人との距離感」というような社会的相互関係における感じ方や情報の受け取り方の違いが根底にあるため，指導方法を工夫する必要があり，特性をふまえつつ，コミュニケーション能力を向上させるためのプログラムを企画する必要があります。

（2）コミュニケーション教育としての活動の意義

　ASD の優位な認知特性を活用したコミュニケーション教育の有効性を，ワークショップ形式の実践の場で検証してきました。ワークショップには ASD 当事者も参画し，プログラムの内容や進行の仕方について，企画段階からディスカッションを行い，ワークショップでは参加者とのシェアリングと意見交換を行いました。ASD の経験や特性に基づいた暗黙知としてのものの捉え方や向き合い方についてを，他の参加者に伝えるとともに，芸術的（絵・書・動

き・音等）表現活動を通した言語的コミュニケーションを行うことによって，それぞれの暗黙知を共有し合い，共通感覚として形式知化していくことを目的に実践を重ねました。

　企画に当たっては，ASD当事者が抱える過去の外傷体験から，コミュニケーションの場に拒否感を持ってしまう場合が発生することも想定し，自主的な参加を基本とするプログラムの構成を行いました。

　ワークショップでは，ファシリテーターが活動を誘導する役割をとりますが，活動を展開していく上では，他の参加者との対等性を重視し，参加者とファシリテーターの「双方向の関係性」を維持し続けるように心がけました。ファシリテーターは，参加者の個々の表現がコミュニケーションの場で尊重されることを常に念頭に置きながらワークショップを展開していきました。コミュニケーションの場で失敗したり，叱責されたりすることがあり，強い不安感を心の奥にしまい込んでしまったASDの人が，他者と活動を共にすることによって，他者との親和的な交流を楽しむことができるようなワークショップの展開を目指し，活動を行っていきました。

（3）実践

　ワークショップに参加した人は，一朗さん（ASD当事者），保育士，音楽教師，特別支援学校教員，発達障害者支援センター職員など10名。筆者らは，ワークショップとシェアリングのファシリテーターとして関わります。

　活動の流れは以下のとおりです。
・自然素材で自分の筆を作る。
・自由に描き，自分の線描，点描を確かめる。
・ペアあるいはトリオで，声を出し合い，声を筆で描く活動をする。役割を交代して同様に行う。
・グループで，声と「書」のコラボによる作品を作る。
・それぞれの作品を発表し，シェアする。

（4）活動と考察

～自己コミュニケーション分析～

　「20の私」のシートを使い，コミュニケーションをテーマに，「私は，○○です。」という文章を書きます。思いつく限り，自分自身のコミュニケーションに関する文章を作成します。その後，自分のコミュニケーションの在り方や興味に関する文章の中で，ネガティブな表現のものをピックアップし，グループで，リフレームしていきます[9]。

　ASD当事者である一朗さんが作った，「私はコミュニケーションでのひねりが苦手で，いつもストレートな表現になり，誤解を招きやすい。」という文に関して，グループで話し合い，「回りくどくなくて，裏がない。相手もストレートに言えるし，本当にぶつかり合える。これ

がわかる人を見極めて付き合えば，たとえ誤解があったとしても後で分かり合える。もし，このことで決別しても仕方がない。そういうことがあってもいい。」という文章にリフレーミングされました。

　コミュニケーションをテーマに，自分自身を振り返るワークは，ASDの人にとって，過去のネガティブな体験を思い出させることとなりますが，今回のワーク参加者は，一朗さんと何度かワークショップをしている関係者が多く，一朗さんにとって「安心・安全な場」であったため，率直な思いを表出してくれました。

　他者とのコミュニケーションの場では，一朗さんはいつも一生懸命です。相手に嫌われないように，変な人と思われないように，常に緊張感に満ちた精神状態で生活しているようでした。日常的に感じていた一朗さんの不安や戸惑いが，ワークショップという時間的空間的に限定された場の中でも再現されたような気がしました。ワークでは，一朗さんも他の参加者の「20の私」に出てくるネガティブな表現をリフレーミングします。ここでは，一朗さんが積極的に発言していました。たとえば，「私は幼稚園に勤務していますが，一番年長で考え方が古いかもしれない。」という文章には，「長年の経験を現在の教育に活かしながら子どもと向き合っています。」とリフレームしてくれました。そのときに，参加者からのコメントが一朗さんには安心と自信をもたらしてくれました。幼稚園教諭からは，「考え方や指導の仕方が古いのではないかと思い，いろいろな研修会に参加していますが，年齢的に，もうやめた方が良いのではないかと悩んでいました。でも，一朗さんにそう言っていただけると，私の経験が役に立つこともあったことを思い出しました。一人で考えていると，ネガティブな考えに支配されてしまいますが，皆さんと一緒に話し合うと自分の良い面を思い出しますね。」この言葉は，一朗さん自身の振り返りにもなりました。

〈一朗さん〉
　自分で書いた文章を自分でリフレーミングしようとしても，同じ思考回路なので良い発想が浮かばないことが多かったけれど，グループで一緒に考え，他の人がアイディアを出してくれて，発想の転換がしやすかった。また，無理に相手に合わせようとして苦しかったが，すべての人とうまくやる必要はないと言われ，気持ちが楽になりました。

〜「書」のワーク〜
　筆を作るところから発表まですべて自由度が高い設定でのワークだったこともあって，一朗さんは，「今まで書道にふれてきたことがほとんどなく，イメージが湧きません。」と戸惑いが大きいようでした。
〈一朗さん〉
　いつものように，自分に自信がないので，周囲の目が気になってしまう。つい，みんなの様子を見ながら，同じように動いて，無難にやろう，というような考えの癖が出てしまい，勝手に自由度を狭めた「マイルール」を作って取り組み始めました。実際に，筆を作って，紙に描

写真6-10　自作の筆

写真6-11　自作の筆と墨で，線をつなぐ

写真6-12　それぞれの線描写(1)

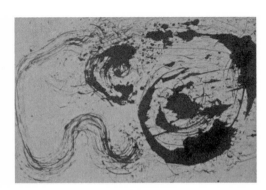

写真6-13　それぞれの線描写(2)

いていくとき，自分の作品に対して何も面白みや特徴がない作品と感じ，一方で，他の参加者の作品は個性やオリジナリティがある作品に感じました。

　その後，シェアリングの場では，自分の筆のユニークさを認めてくれる人が何人もいて，また，筆で描いた作品の良さを認めてもらえたことがとてもうれしく，自分なりの感じ方や発想を表現してもいいんだという自信になり，「マイルール」を解くことができました。

　声を出す活動やコラージュでは，周囲の様子を見ながら受け身の姿勢だったのですが，少しずつ自主的に行動に移すことができました。最後の活動では，グループの発表者になり，自ら考えたストーリーの案を出し作品の発表も行うことができました。

　「書」のワークで得た喜び・自信はメンバーとの関係性に因る結果であったと思います。今後，このような活動を経験した同じメンバーで，別のワークをするときには，今回以上に「自分の個性」を出すことができる場になると思います。それはワークショップという場で，参加者がお互いを理解し，それぞれの考えを尊重し合ったことによる「共通認識」から自信が生まれたからです。多様な価値を尊重する場は，私にとって，かたくなな「マイルール」を意識しないでも良い空間となりました。

（5）まとめ

「書」のワークショップは，かなり自由度が高い活動でした。「自己コミュニケーション分析」は，「20 の私」のシートを用いて，ASD の人が苦手とされる「社会的コミュニケーション」をキーワードに自身のことの振り返りとなりました。自身のことを振り返るとき，どうしても過去の体験をもとにそのときの感情を思い出します。多くはネガティブな出来事であり，それに伴いネガティブな感情も想起されてしまいます。その結果，自己否定的な自分をなるべく出さないように，鎧をつけた自分の表現方法を形作ってしまうのです。一朗さんの「マイルール」は，そういう意味では，自分を守る手段だったのかもしれません。

ASD の特性がある人は，自らの知的世界の中で暮らしており，ある種の独創性は知的興味によって支えられていると言われています。彼らの内的世界を芸術作品として表現すること，そして自身の世界観として認めてもらうことがアイデンティティの確立に至る営みであるとするならば，そのプロセスに関与することは，一つの心理教育的な意味があるのではないかと思われます[10]。筆者が考えるコミュニケーション教育法は，それぞれの解釈の違いそのものが尊重されるので，一人ひとりが持っている個性・特性が常にポジティブに受けとめられ，自分自身のオリジナリティが尊重される機会となり，自分がここにいていいという自己存在感を実感できるコミュニケーションの場となることが特徴です。それぞれ持っている特性や嗜好性は一人ひとり異なります。異なっているからその違いが表現活動を豊かにするのです[4]。一人ひとりの違い，一人ひとりの個性を尊重し合い，お互いに刺激し合って，お互いが多様な見方・考え方が尊重される社会になっていくことを期待し，音楽療法家としてさらに実践を重ねていきたいと思います。

8．おわりに

誰とどう関わるのか，誰をどういう存在として見ていくのか，によって自分と他者との関係性が変わってきます。また，自分にとって，その誰かが存在する意味は何なのか，自分はその誰かにどういう影響を及ぼしているのかを意識していくことによって，自分の言動も変わります。表現系の活動で良い点は，活動中に「心地よさ」や「嬉しさ」などが，その判断基準になって進んでいくという点になることです。

本来，芸術行為は，脱社会的行為であり，創造性と独創性が求められ，それが評価される分野です。しかしながら，従来型の教育制度の中では，通常学級の教科音楽，教科美術等で見られるように，いかに提示した見本と同じか近いかで，評価を決められてしまうことが少なくありません。障害があってもなくても，個人の表現自体がすべて評価に値し，それを認めてくれる大人や仲間がいるという体験をすることは，人の自尊感情や自己肯定感を向上させるためにも不可欠なものです。そのきっかけとして「解釈の多様性」を実感できる場は重要であると考えます。それは子どもだけでなく，大人にとっても重要な過程であり，その過程があるからこ

そ，他者をより深くわかろうとするし，わかりたいと思うのでしょう。

　自閉スペクトラム症の人にとって，「安心できる場」で，相互に認められる体験をすることはコミュニケーションへの積極的な自我関与を促進するものであり，「解釈の多様性」が尊重されることによって，個々の自尊感情を高めていくことになると考えます。

〈柴田礼子〉

参考文献

1）柴田礼子（2009）世界の表現教育　ドイツの表現教育――カール・オルフが伝えたかったもの――　浅見均（編）子どもと表現　日本文教出版.
2）柴田礼子（1990）オルフ研究所　レーグナー教授にきく　音楽教育研究，33（2）.
3）佐伯胖（2007）人間発達の軸としての「共感」　佐伯胖（編著）共感――育ち合う保育の中で　ミネルヴァ書房.
4）文部科学省HP　芸術表現を通じたコミュニケーション教育の推進
5）斎藤清二・西村優紀美・吉永崇史（2010）発達障害大学生支援への挑戦．金剛出版.
6）綾屋紗月・熊谷晋一郎（2008）発達障害当事者研究．医学書院.
7）田中康雄（2008）発達障害とSST 本人と家族のためのSSTガイド．こころの科学増刊.
8）池谷潤子（2007）保育者養成における表現教育の可能性（2）さまざまなアプローチによる「素材」への試み．江戸川学園人間科学研究所紀要，23，61-82.
9）松原達哉（1999）自分発見20の私．東京図書.
10）西村優紀美・柴田礼子・ソルト（2010）ＡＳＤの優位な認知特性を活用したコミュニケーション教育法の開発――相互交流の質的分析と行動の変容――．富山大学トータルコミュニケーションサポートフォーラム報告書.

第7章

美術的活動を通した
コミュニケーション支援

1．異なる世界に生きる他者と出会うための演習

1．コミュニケーションに対する思い込みを取り払おう

　障害のある大人や子どもたち，特に自閉スペクトラム症やADHDなどの発達障害や知的障害のある人たちとの関わりについて，多くの保育学生が「怖い」，「難しい」，「困惑する」などの感想を述べます。その理由を尋ねると，「自分が話しかけても返事がないので，聞こえているのか，こちらの言っていることが分かっているのかどうか不安になる」，「言葉でお話しをしてくれないので，何を考えているのか分からない，やり取りが続かない」，「会話ができないので，どのようにコミュニケーションを取ったらよいのか分からない」といった答えが返ってきます。ここから分かるのは，難しさの原因が“コミュニケーション＝言葉によるやり取り”と考えているところにある，ということです。普段どちらかと言えば周囲の人と賑やかに会話をするような人ほど，とまどいが大きいのかもしれません。人は長く社会生活を重ねれば重ねるほど，自ずと言語コミュニケーションが巧みになり，言葉が人との関わりに有効であることを学習していきます。しかしながら，「言葉による関わりがコミュニケーションである」と思っている限り，発達障害や知的障害のある人，特に自閉スペクトラム症の人々と関わることを難しく感じることになるのでしょう。

　コミュニケーションとは，言葉による働きかけのキャッチボールが続くかどうかではなく，

互いに相手を分かり合うための関わりの過程だと考えます。自分が関わる相手を「分かる」ためには無意識に染みついた「こうすればやり取りできる」方法をいったん脇に置いて，自分の五感を全開にして新鮮な目で相手に向き合うことが何より重要なのだと考えます。言葉以外の相手からの情報——表情，視線，姿勢，行為，それらのスピードや様子，前後の行動——そこにそのまま在る相手の姿を受け取ろうとする心の構えが求められます。

　保育を学ぶ学生たちに，言葉以外の表現に意識を向け，コミュニケーションの本質を味わうことを目的として，言葉を使わずに相互に関わり合う協同製作の演習を試みました。

2．演習：粘土で一緒に遊ぼう——ただし，言葉を使わずに！

『粘土で一緒に遊ぼう——ただし言葉を使わずに！』
　方　法
　　　　①一人につき 300 g 程度の油粘土を用意する。
　　　　②それぞれ自分の思うように油粘土に触れて遊ぶ。
　　　　③二人組になり，油粘土で一緒に好きなように遊ぶ。
　　　　　言葉や声を出さずに，また口パクや指で文字を書くのもナシ。
　留意点
　　　　二人組の相手は，できる限り普段一緒に過ごすことが少ない人同士にする。
　　　　粘土遊びの演習後に記録を書くが，演習前にはそのことを告げないでおく。

　油粘土は，多くの人が子どもの頃に一度は触ったことのある保育素材です。学生たちは久しぶりの匂いと手触りにはしゃぎ，ちぎったり丸めたり，手のひらで長く伸ばしたりと新鮮で懐かしい感覚を味わい楽しみます。ある程度素材に馴染んだところで，「二人組になり言葉を使わずに遊び続けてください」と伝えると，一斉に「え〜!?」と声を上げ，さっきまでの笑顔は消え動きは止まり，しばらくは互いに顔を見合わせながら苦笑しています。それでも少しずつ相手の様子を探りながらやり取りが始まります。相手の手の動きを注視して何を作ろうとしているのか予想したり，自分の作っている様子を見せようとしたり，相手の表情を確認しつつ自分も表情を作って気持ちを示したりと，しだいに学生たちは普段無意識に行っているであろう行為を一つ一つ丁寧に行っていきます。

　関わり方には一人ひとりの特徴が現れるようです。相手が何をし始めるか待っているタイプ，自分から相手に何かを仕掛けるタイプ，自分のやりたいことに集中するタイプ……。互いに積極的に働きかけるペアであれば，何事かが発生しどんどん展開して盛り上がっていきます。逆に相手の動きを待つタイプ同士では何も起こらず二人とも顔を真っ赤にしていることもあります。働きかける役と受け取る役がすっかり決まってしまうペアもあります。10分もするとあち

こちから押し殺したような笑い声が漏れ始め，中には大きく体を揺すって床に倒れんばかりに笑い合っているペアも出てきます。見ているこちらも思わず笑ってしまうような幸せな光景が生まれます。

　いったい何がそれほどおかしいのでしょう？　それはたぶん，「自分」ではない存在との「出会い」を実感したときに湧き起こる感情なのではないかと思うのです。自分の内にある考えや思いがピッタリと相手に届いたことが分かった瞬間の喜びや安堵感，相手の考えや思いが「分かった！」瞬間のうれしさ楽しさ，相手の反応が自分の予想と全く違っていたり，互いに共感していると思っていたことが完全にズレていたと分かったときの驚きとおかしさ。言葉が使えない状況では，相手の意図が分からなかったり自分の意図が伝わらないことへの罪悪感や不満が湧きません。言葉が使えないのですから「分からなくて当然！」と思えるので，相手とのやり取り全部を余計な感情を持ち込まずにそのまま受け入れられるのです。だからこそ，互いの内にある思いや考えを分かり合おうとする過程の楽しさやうれしさを，学生たちは存分に味わうことができたのだと思います。

　また，この演習は二人で協力して何かを作ることを要求せずに，「一緒に遊ぶ」ことだけを課題としています。具体的に何事かを成すための協働においては，互いの考えと思いを「一致させねばならない」ので，思いや考えのズレを面白がってばかりはいられません。私たちは日常の社会生活において，人と人の違いやズレを楽しむ余裕を失っているのかもしれません。最初に述べたように，学生が自分たちと少し異なる特徴のある人とのコミュニケーションに苦手意識を持つのも，コミュニケーションは「一致」の状態を目指すものだと考えている可能性が考えられます。SNSなどで自分の考えに対してどれだけ多くの人から共感・賛同を得るかに血道を上げている姿を見ても，自分とは異なる「他者」ではなく，自分と思いや考えが一致する「身内」を増やすことを求める意識が根強いことがうかがえるように思います。

　ほんの少し視点をずらしたり意識を緩めるだけで，物事の捉え方や感じ方は変わります。人と共に過ごすこと，共に在ること，そのこと自体がうれしく楽しいものであることを一度でも味わうことによって，さまざまな「他者」との関わりを悦ばしいものとして求め，楽しもうと臨むことにつながってほしいと願います。

3．美術表現は表し手の内面を知る手がかり

　『粘土で一緒に遊ぼう』の演習では，学生同士が互いの考えや思いを知った瞬間に，二人の間にまるで花が咲いたようにパッと何かが開きました。この共感の瞬間は何によってもたらされたのか，詳しく考えてみたいと思います。相手の内面の推測は，表情や動作なども重要な手がかりですが，この演習において決定的に「分かった！」と確信するのは，相手が粘土で作った物を見たときです。このとき，粘土という物質が相手の言葉の代わりになり，思いを代弁するものとして機能しています。目の前に，相手が作った物が存在している，残されているということが，他者との関わりにおける美術表現の最大の強みとなります。

　一般的に美術表現は芸術表現の一つです。芸術表現には，音楽，舞踊，演劇，文学などがあり，それぞれの分野にはさらに細かなジャンルが多数存在します。美術で言えば絵画，彫刻，建築，書，写真，映像，イラスト……，マンガも立派な美術表現の一つでしょう。これら美術分野の表現が決定的に他の芸術表現と異なるのは，「物理的に」作品が存在する点にあります。表現をする人の行為（表現）の痕跡が，時間を経ても誰によっても視覚で即座に受け取れる状態で残されるのです。美術表現と他の表現ジャンルとの違いを，表現する人の行為を分析しながら説明しましょう。

　美術は，描いたり形作ったりした結果生まれた「作品」そのものを表現と捉えがちなのですが，物理的に残された物だけでは「表現」とは言えないものなのです。痕跡を残す人の意志や思いがあって初めて「表現」として成立します。たとえば，説明のための地図や図形，機械的に作られた複製などは，物理的に形が残っていたとしても私たちは「表現作品」と呼ぶことをしません。つまり，作り手の思いや意志によって働きかけられ，跡が残された物質を「美術表現作品」と見なしているということになります。

　美術作品が生まれるためには，表現する人の内面に何らかのイメージを必要とします[1]。このイメージはその人が生きている環境すなわち外界を自分の中に受容することからスタートします（図7-1の①外界の受容）。五感によって受容した外界は，個人の性格や好み，それまでの経験やそのときの感情などによって一人ひとり固有のイメージとなります（図7-1の②イメージを持つ）。そのようにして自分の内に生まれたイメージを，現実に存在する物質（媒体）を利用して形に表す（図7-1の③イメージの外在化）。このように見ると表現は外界を受容する①外界の受容の段階から含まれると言ってよいと考えます。

　花を見て描く場合を例にとって説明してみます。目の前にある花の色や形，質感などを見て感じていますが，それと同時に，花の匂いを嗅いでいたり，さきほど花瓶に入れたときの手触

図7-1　表現の行為の分析

りが記憶に残っているかもしれません。視覚だけでなく，今・この場を五感全部で受け取っているのです。そして，花を眺めながらどのようなことを思うか。色が自分の好みのときもあればそうでない場合もあるでしょう。誰か大切な人にもらった花かもしれません，この種類の花を見ると思い出される記憶があるかもしれません。個人のバックグラウンドの影響を受けるため，同じものを見ても一人ひとりが持つイメージは決して同じではないのです。この一人ひとりの固有のイメージを紙や画材などの物的な媒体によって表すのが，絵を描くという行為なのです。科学的な観察スケッチや，誰もが同じ意味内容を瞬時に理解するための記号とは根本的に質が異なります。絵は個人的な内実が形となって現れるものなのです。

　③イメージの外在化の段階で使われる媒体によって表現ジャンルが決まります。表現媒体の中でも，音や音声言語，表情，体の動きなどは生じた次の瞬間に消滅します。ところが美術作品は，作り手の行為が終わった後にも，ずっと残るのです。文字言語を使用する文学も表現行為の後にずっと残るものですが，表された表現を理解するには「読む」という技術が必要となります。これに対して美術は媒体が残した痕跡全体を，特別な技術も使わず，いわば受動的に視覚によって一度に受け取ることができます。子どもの絵の発達研究や臨床心理における描画療法が可能となるのは，絵には描いた人の内実が目に見える形で残るからなのです。なぜ世界中の幼い子どもたちは同じような絵を描くのか，また年齢に応じて絵が変化するのはなぜか。この暗い色の絵を描いた人はそのときどのような気持ちでいたのかなど，表し手の内実を探るための重要な客観的手がかりとなるのです。平均的な発達と比較してやや異なる認知機能を持つ発達障害や知的障害のある人の美術表現が，障害のない人にとって非常に新鮮で斬新なものとして目に映るのは，当然のことと言えます。障害のある人の認知機能によって捉えられた世界はどのようなものであるのか，彼らが描いた作品を見ることで，完全に解ることはできなくとも感じることができます。

　さらに，表現者の傍らにいる人がその表現の意味を解ろうとする姿勢を見せることによって，表現する人の意欲を引き出すことができると考えます。生理的な欲求から声を上げて泣く新生児は，自分の泣く声に大人が反応し関わることによって自分の行為の意味に気づき，自分の欲求を伝えようという意志をもって泣くようになります。直接的な人との関わりを苦手とする自閉スペクトラム症の人にとって，自分が残した作品（物質）に興味を示す人間の存在は，他者の存在を受け入れる貴重なきっかけになると考えます。絵画という物的な表現の場における関わりが，他者への関心と他者とのコミュニケーションの意欲を育むことになった事例をコラム（95ページ）に紹介しました。表現する人の内実が形として残される美術という表現が持つ可能性を理解いただけると思います。

4．表現行為の痕跡が残ることの認知機能への作用

　美術表現が物的な痕跡として残されることは，表現する本人の認知的側面にも強く作用することになります。それが図7-1 の「④イメージのフィードバック」です。自らの手を動かして

材料に働きかけると同時に，目には物が変容していく様子が映っています。いったん表現する手を止めても自分が行った行為の跡が自分の前に存在しています。表している主体である自分が，もう一人の自分によって眺められ続けている，いわばメタ認知が働いているのです。このように自分の行為が物理的に痕跡として残ることから，美術表現は認知的側面と深く関わることになります。具体的には子どもの絵画の発達や臨床心理における描画療法などに認知活動との関係性を見ることができます。発達心理学者の津守誠は子どもの絵を「子どもが自分自身にあてた手紙のようなもの」[2]と表現しました。描くことで子どもは自分自身を確認しているのです。またある精神科医は，描画療法や箱庭療法によって表される作品が治療者の手がかりになるのは当然ながら，より意味があるのは，本人が自分の状態に気づくことによって治っていくことにあると述べました。美術表現はいわば「自分を見る鏡」として機能するのです。

　現在，金沢大学子どものこころの発達センター，東京藝術大学，グラスゴー大学（イギリス）が，美術表現の活動が自閉スペクトラム症児に及ぼす社会的スキルの向上を検証する共同研究を進めています[3]。アートワークショップに参加する前後における心身の状態の変化を，心理，医療，教育の各分野のアプローチから総合的に検証しようとするものです。高機能の自閉スペクトラム症児は，学校などの集団生活の中で常に周囲との違いを突き付けられ自信を失い，伸び伸びと自分を表現したり他者と関わることが難しくなることが指摘されています。自分の中にあるさまざまな思いをありのまま形にする美術表現が，自分を認め自信を持つことに繋がり，ひいては周囲の人々や社会に対する抵抗性を高めることを期待しています。イギリスではすでに美術表現活動の心理面への効果が公的に認められ，アート活動が精神科治療の一つとして保険適用となっています[4]。近年，日本においても加藤進昌氏らによってようやくアート活動が保険適用となるなど[5]，今後さらに，美術表現や他の芸術表現の活用が広がることを期待します。

2．記録——自分を見つめる作業

1．「相手をそのまま受け取る」ことの難しさ

　前節で紹介した，子どもとの関わりに必要な「相手をそのまま受け取ろうとする心の構え」を体験的に知る演習『粘土で一緒に遊ぼう！』では，演習後に記録を書きます。記録を書くことを通して，自分自身に意識を向けることを促すのです。相手との関わりに集中できるように，演習前には記録課題があることを内緒にしておきます。

　この記録課題は，自分の関わりを分析的に捉えることと，自分が相手をどのように捉えているかに気づくことを目的として，演習の中で強く印象に残った場面を「子どもの姿」，「自らの関わりとその意図」，「関わりの場面からの気づき」の三項目に分けて記述します。ここでは一緒に粘土で遊んだ相手の学生を子どもとして記述します。「子どもの姿」の項目には，自分の感情や推測を交えずに客観的に捉えられる相手の表情，言葉，行動など，事実のみを書くよ

う指示しますが，学生たちはこの時点で，相手の「客観的事実としての姿」と「自分の中にある思い込みによる姿」とを分けることに苦労します。たとえば，客観的事実としての「子どもの姿」の項目に，「子どもは学生（私）に作ってもらってうれしかったので，同じものを作った」という記述が見られます。「もらう」，「うれしかった」という姿は，自分が想像した子どもの感情で，客観的事実ではありません。事実として書くとすれば，「学生が作ったものを見て」，「満面の笑顔になって」という感じになります。また「自らの関わりとその意図」の項目には，自分の行動と行動の理由（動機）を書きますが，半ば無意識的に応じていた自分の行動の動機を見つめる中で，自分が相手のことをどのように捉えていたのかに気づくことになります。そして，そのときに自分が「当然」と思っていた相手の内面についての推測が，非常に狭い捉え方によるものであったり，自分の他者に対する応じ方の癖であったり，世間一般のステレオタイプな価値基準や固定概念によるものであることなどに気づき，そのように無意識のうちに染みついた「普通」という鎧で自らを守りながら他者に向き合う自分に気づいていきます。記録演習の作業を通して，学生たちは自分の内にある既存の視点・基準をいったん横に置いて，目の前の存在そのものをできる限りありのままに受け取ることの大切さとその難しさを味わうのです。

　ある子どもの姿を見て，大人が「○○○な子」と捉えたとき，そこにはそのように識別した視点・基準が大人の側に存在していることが逆説的に現れます。大人の識別を基に，その子どもへの関わりや対応を考えるのですが，そもそもそのように子どもを識別した視点や基準が歪んでいたり，測るところや結果の解釈を間違えている場合には，子どもへの関わりや対応が意味をなさないものになります。意味をなさないばかりか害になることすらあり得るのです。

　自閉スペクトラム症は，その行動の姿からコミュニケーション・対人能力の障害と言われてきましたが，近年では「認知の偏り」による障害であることが指摘されています。私たちの社会は「障害を持たない者の当たり前」で構築された世界であり，自閉スペクトラム症をはじめとする発達障害は認知すなわち生きる世界が大きく異なるために「障害を持たない者の当たり前で創られた社会」に適応しにくく，多数派の人々との関わりに障壁が生じるのだと考えることもできるのです。

　自分が生きる環境を自らの内に取り込み，解釈し，世界を構築することが認知であるとすれば，表現の行為の分析と図7-1 でも説明したように，この世界は単一なのではなく，個人によって微妙に異なるさまざまな色合いを持つものとして存在するのだということができます。人と人は重なるところもあれば異なるところがあり，時にはどうにも理解困難な相手も存在します。私たち一人ひとり，自分と完全に一致する者は存在しません。であるにもかかわらず私たちは普段，相手が自分と同じような認識の世界にいると信じて，「相互理解」が成り立っていると思い込んでいます。そういった思い込みに疑いもなく安住して人と関わっている限り，重なりが少ない人のことは「よく分からない」存在として心理的にも物理的にも距離を置くのです。そのような心理状態で人と関わる以上は，自分と異なる内的世界を持つ「他者」との出

会い，「他者」との共生は訪れません。

　自閉スペクトラム症やADHDなどの発達障害や知的障害のある人とのコミュニケーションのためには，まず彼らと「出会う」ことが必要です。そのためには，人と関わるときの，「いつもの」，「無意識な」，「当たり前の」自分の捉え方に気づくことが第一歩です。記録演習を通して，自分を見つめ直し，「人との関わり」に対する先入観や固定概念を外していくのです。

2．自分の見え方も成長する

　多くの場合，記録はある場面・事象について検証するという目的で書かれます。記録の対象を分析するだけでなく，1で述べたように，観察する自分自身を振り返り，その出来事の意味を考えるという目的で書くこともあります。また同じこの記録を，時間を経てもう一度見直したときに新たな視点を発見することがあります。ある場面・事象について分析を試みても，そのときにはどうしても答えが見つからないことがあります，たとえば「なぜこの子はこういう行動をしたのだろう」，「この姿にはどういう意味があるのだろう」といった疑問などです。そのときには答えが見つからない謎が，数年経って「そういうことか！」と，突然解けることがあります。このような「ひらめき」は，観察・記録者の視点が深まったことを示していると考えます。

　また，教育・保育・福祉などの対人的な分野においては，対象者と継続的に関わり，その記録を残していくことが多くあります。この継続的な記録では観察者自身も時間経過の中で変化をしていき，記録を書くことはこれらの分野に関わる者の自己研鑽の方法の一つとも言われます。観察対象との関わりから得た気づきが，観察者の関わり方を変化させ，変化した関わりを受けた観察対象が新しい反応を見せ，そのことが観察者に新しい視点に気づかせ……というように，観察対象と観察者との往還的な関わりが観察者の視野を広げたり考察を深めたりするのです。教育や保育に携わる人たちが，「子どもに教わる」，「子どもと共に育つ」と語るのも，これらの分野の本質を表しているものと言えるでしょう。

3．共生の世界を味わうための共同制作

1．作品は，作る過程を想起させる

　金沢市が所有する芸術表現活動推進・支援施設（金沢市民芸術村）から「障害を持つ人と持たない人が一緒に参加する美術表現の交流活動を企画・実施してほしい」という依頼を受けて，一枚の紙に全員で一つの作品を作るという，作る過程においてより多くの人との関わり合いを生む製作活動を企画しました。前節において美術は表す人の行為が痕跡に残り，それを受け手が見ることで内面世界を感じる表現メディアであることを説明したところですが，これを逆手に取るとまた違う効果が得られます。行為の結果である作品は，作り手にとっては「作る過程を思い起こさせる物」という意味を持つのです。すでに現代美術の世界では制作過程自体を作

品とする表現方法が存在しますが，この企画でも出来上がる作品を目標にはせず，作る過程そのものが関わり合いを存分に味わう体験となることをねらいました。作る過程＝関わり合いと同時に痕跡が生まれ続けるように。参加者はフィードバック的に「自分たちの関わり合い」を味わいながら活動することになりました。

　年齢や障害の種類（身体障害，知的障害，発達障害など）を問わずにどのような人も参加でき，参加する人みなが関わり合う状況を生み出すことを意図して，痕跡を残す手段を工夫しました。美術表現は表現する人が物を扱わなければなりませんが，健常者であっても普段から表現活動に取り組み慣れているかどうかによって物の扱いには差が生じます。さらに障害のある人が表すためには方法や画材，道具などを工夫する必要があります。さまざまな人が関わり合って表現を行う際に，物の扱いの差が大きければ「できる人」が「できない人」を助けるという構図ができてしまいます。全員が同じことに取り組み，かつ全員が「自分がやった」と実感を持てる内容として，どのような人であっても「自分一人ではできない」という表現の方法を考えました。

2．コミュニティーアートワークショップ『みんなの体で大きな絵！』

『みんなの体で大きな絵をつくろう！』
方　法
　　①一人につき1メートル四方程度の割合で，人数分の広さの紙を用意する。
　　　画材は太字マジック数本，クレヨン・絵の具などの画材多数。
　　②一人ずつ，好きなポーズで紙の上に寝ころがり，周りの人が寝ころんでいる人の体の輪郭を黒マジックでなぞって紙に描く。
　　③全員が順に紙の上の好きな場所に自分の体の形を残す。形が交わってもよい。
　　④全員で紙の上に乗り，たくさんの線でできた形に思い思いに色をつける。

　当日は知的障害のある人，身体障害のある人，障害のない大人から小学生まで，さまざまな人が参加しました。参加人数に合わせた紙のサイズはおよそ7メートル四方。普段目にしないような大きな物を一緒に見ているだけでも一体感が生まれます。

　どのように絵を作っていくかを実演して説明します。知的障害のある人は，初めて訪れる場所で初対面の大勢の人と過ごすことだけでも強いストレスを感じるであろうと予想できます。スムーズに活動に参加し他者と関わるためには，彼らが見て一瞬で「何をするのか」が分かる内容であることが必須条件。この点において，物で表現をする美術は非常に有効です。多分普段は自分の思うまま動き回っていると思われる人も，大勢に見られながらじっとしているくすぐったさを楽しんでいるようでした。車椅子で参加した身体障害のある人は，4，5人の大人

が抱き上げて車椅子から紙の上に移動し，「好きなポーズになって」というリクエストに自分なりに体を動かして応えていました。体の輪郭を描く人たちが，「わ，しまった！」，「お尻だ〜」などと勝手におしゃべりするのを聞いていると描かれている人にも自然に笑いがこみ上げてきます。障害のある人と関わるのは初めてだという小学生は，最初こそ遠慮がちであったが，すぐに慣れてあちこちの人の体の輪郭を描きに紙の上を動き回りました。体を支えることが困難な身体障害のある人も，紙の上に乗れば寝ころんで自由に線を描くことができ，さきほど車椅子から障害のある人を抱えておろした人が，今度はその人に描かれるといった，さまざまな人の間でさまざまな形の関わりが生まれました。

3．美術表現は人間の思考活動—理想・希望・未来—を形に表す

　紙の上に自分の思う通り自分の意志で紙の上にポーズをとる，というこの方法。たとえ画材を手に持って紙の上に跡を残さなくても，紙に残る線，線によって生まれた形はまぎれもなく本人が自分の意志でそのように「居よう」とした結果です。本人の存在がなければそこに生まれなかった物なのですから。残された体の形には本人の特徴が現れ，見た人はその形からその人のことを思い起こします。しかし一方，輪郭を描いた人にとって，それは「自分が描いた」跡である。描く人描かれる人どちらにとっても私一人では生まれ得なかった，協働の結果がそこに存在しているのです。

　この活動では紙のサイズを人数に対してやや小さめにすることで，輪郭線が交り合うことをねらいました。輪郭線とは一本の線で囲まれた閉じた形を示す。図と地。私と私ではない境界を示すもの。人型は人である私たちにとって強く刷り込まれた形であると思われ，少し歪んでいても，別の形が重なっていても，線で囲まれた形はひとまとまりの「一人の人の形」として認識されます。重なり合った箇所は，「私」であってまた「あなた」である。そのことが全く矛盾なく認識されるのです。

　交わった線で囲まれた形ごとに色をつけると，自分の体の中は色とりどりになっていきます。どこか，他者との交わりによって自分が変化したようなイメージが湧きます。色とりどりの形が紙の上に広がり，出来上がったものを見た人からは「地図みたい！」という感想が聞こえました。さまざまな色と形が無秩序に存在していながらつながりを持ち，一つの形になっていました。

　出来上がった大きな作品は，明らかに自分たちの行為の痕跡として目

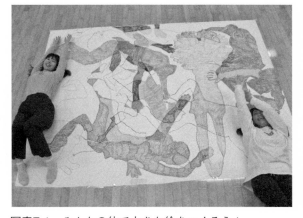

写真7-1　みんなの体で大きな絵をつくろう！

の前にあります。半ば抽象画のような作品であることも，出来上がった結果のみに注目する意識を緩め，作る過程を思い起こすことを促します。そこには，自分たちが互いに助け，助けられ，交り合い，新しいものが生まれた，活動の痕跡が残されているのです。

　美術表現は人の内面のイメージを形に表すもので，それは個人においてのみでなく，集団・社会としても同様に作用すると考えます。今はまだ実現できていない理想の社会，こうあってほしいと願う未来，希望。美術はそれら仮想を目に見える形で実在させ，味わうことを可能にします。『みんなの体で大きな絵をつくろう！』の参加者は，できた作品に，自分が丸ごとそこにいながら，他者も丸ごとそこにいて，誰も阻害されず，一人ひとりがそのままで全員がそこにいて，一つの形をつくる共生の世界の理想を見ることになったのです。

─────────〈コラム〉─────────

──美術は「私」と「あなた」が出会う窓──

　R君は言語表出のない自閉症の子どもでした。小学1年の終わり頃から余暇の習い事として通えるところはないかと，私が自宅で開いていた絵画教室に隔週で絵を描きにくるようになり，それから中学2年が終わる頃まで，R君と絵を通して付き合うことになりました。

　R君は幼い頃から家で大量に絵を描いていました。しかし，描き終わると即座に破り捨てるため，お母さんはあわてて何枚かの絵を保管し，それを絶対にR君に知られないようにしていました。教室に来た初めの頃は，1時間のセッションの内，50分くらい部屋の中を歩き回り，置いてある物を触ったり外を眺めたりと，私が働きかけてもまったく応じることはなく，声をかけるとかえって機嫌を損ねることが分かってきたので，私もR君が描く横で一緒に描くことにしました。彼が描いているものを真似して描いたり，目の前にモチーフを置いて何を描いているのかR君にも分かるようにしてみたりと，それぞれが横並びでそれぞれの絵を描くことが続きました。

　そんなある日，事件が起きたのです。いつものように，R君は勝手に描き，私はお母さんとのおしゃべりに夢中になっていました。すると一緒に来ていたR君のお兄ちゃんとR君との喧嘩が始まり，R君はお兄ちゃんの強烈なキックを受けて，跳ね飛ばされてしまったのです。

　R君は「キィーーー！」と絶叫し，お母さんは「何をしているの！」とお兄ちゃんを叱る。大変な状況にうろたえている私の前で，R君は泣きながらガガガガッと1枚の絵を描いてゴミ箱に捨てました。

　少しの時間を経て騒ぎが収束したころ，私はR君が捨てた絵をゴミ箱から拾い出してみました。足を直角に上げて蹴るポーズの人間と，「キー」の文字とぶっ飛んだR君の身体の軌跡のような線が残されていたのです。私は思わず，R君に「え？　これ，今の蹴られたこと描いたんじゃない？」と問いかけました。R君の返答はなかったものの，R君が，

自分が捨てた絵を私に触られていても騒ぐことなく静かだったことが，強く私の印象に残りました。

　それから少しずつ，セッションの中でのR君の様子が変わっていきました。「出ていけ」という絵を描いて部屋にいる猫に見せにいったり，私が描いた絵にR君が描き加え，私がR君の描いた絵に描き加えたりなど，絵を通して他者を意識し，関わり合うことが増えていったのです。そばで見ているお母さんは，「自分のやっていることに他の人から手を出されても，怒らないということがすごい」と驚いていました。

　そして，また事件が起きます。小学６年生の頃，教室にやってきて気持ちよく意気揚々と絵描き歌を始めたR君の横で，私も真似て同じ絵を描き始めました。「A！　アリゲーター！　B！　ベア！　C！　キャット！……」という英語の絵描き歌です。絵描き歌は続き，「H」のところに来たとき，Hから始まる動物が分からなかった私は，R君の描いた絵を見ても何かがわからず，首を傾げながら眺め，ゆっくり真似て描き始めました。するとR君はいきなりバッと紙を取り上げ丸めて捨てると，新しい紙をバンッと私の前に置き，指差しながら「でしょ！　でしょ！」と訴えます。おそらく，「でしょ」は「〜〜でしょう？」という確認の語尾と思われます。私は分からないままHの動物を描き始めましたが，すぐに私から紙を取り上げ，捨てて次の紙を持ってきます。何枚描いても許してくれません。さらには私が描いたものを消しゴムで消し，破り，私の頭を叩き，最後は自分のTシャツを破るほどに怒って泣きわめきました。お母さんはこの状況の中で，携帯電話で友だちに「Hから始まる動物って何！？」と送っています。Hで始まる動物が何か分からないまま，ついにセッションの時間は終わり，R君は涙いっぱいの顔で帰っていきました。

図7-2　「お兄ちゃんに蹴られた！」を描いた
　　　　R君の絵

　夜になってお母さんからメールが届きました。「Hで始まる動物はhedghog（はりねずみ）でした！」

　R君の伝えたい，伝わってほしいという思いは私に強く届きました。お母さんは「Rがこんなに人に分かってほしいという気持ちを持つことがうれしい」と語りました。

　自分のためにだけ描いていた絵は，絵を

解ろうとする他者によって意味を変え，その相手に伝えるために描く絵となったのです。R君は絵を描くという場を通じて，他者の存在に気づきました。他者がいることに気づいたとき，彼らは私たちと同じように「人と関わりたい」という願いを持つのではないでしょうか。私たちのほうこそが彼らに出会いにいかなければならないということを，R君と過ごした日々が私に教えてくれたのです。

〈永坂　晃子〉

参考文献

1）永坂晃子（1999）絵画表現行為にみる身体性 大学美術教育学会誌，*31*，207-214.
2）津守誠（1987）子どもの世界をどうみるか──行為とその意味── NHK出版.
3）Tsuji., C. et al.（2020）Participatory Art Activities Increase Salivary Oxytocin Secretion of ASD Children. *Brain Sciences, 10*(10),680.
4）高野真吾・阿部順子・鈴木賢一（2019）英国の病院の Arts in Health の概念と活動組織に関する研究 日本建築学会計画系論文集，*84*（755）.
5）東京都福祉保健局/公益財団法人神経研究所附属清和病院（2019）発達障害専門プログラム活用マニュアル.
https://www.fukushihoken.metro.tokyo.lg.jp/shougai/shougai_shisaku/hattatsushougai.files/200420-11.seikahoukoku2.pdf（2021年2月3日確認）

第4部

就職活動，卒業後の
コミュニケーション支援

第8章

就職活動支援から
フォローアップ支援

1. はじめに

　障害のある学生の就職に関して，大学在学時からさまざまな情報を提供し，地域就労支援機関との連携も視野に入れて，大学が率先して取り組んでいくことが求められています。2017年，文部科学省は「障害のある学生の修学支援に関する検討会報告（第二次まとめ）」において，各大学が取り組むべき主要課題として，「大学等から就労への移行（就職）」を挙げています[1]。障害のある学生の就職においては，一般的な採用方式と障害者雇用促進に関する諸制度に基づく採用方式があること，卒業後の就労支援機関や就労系障害福祉サービスの利用も視野に入れる必要があることなど，一般の学生に比べて就職活動が複雑になることが移行支援の課題であることが示されています。このため，大学等においては，対話の中で障害のある学生の意向をつかみながら，早い段階から多様な職業観に関する情報や機会の提供を行うとともに，就職支援のための取組や関係機関間でのネットワークづくりを促進することが重要であるとされています。

　ここでは，富山大学で取り組んできた就職活動支援と卒後フォローアップ支援について，紹介していきます。

２．修学支援に引き継がれる就職活動支援

　富山大学では支援を暫定的に４つの段階に分け，Ⅰ期～Ⅳ期，すなわち入学前，入学直後から卒業後までシームレスに一貫した支援を展開しており，支援全体を，社会参入支援と言い表しています。社会参入支援とは，「学生が新しい環境へ参入するプロセスを一貫して支援すること」と定義づけており，学生の成長モデルを基盤に置いた支援の在り方を描写するものです。また，これらのⅠからⅣ期をそれぞれ，「支援」という枠で見ると，Ⅰ期とⅡ期が「修学支援」，Ⅲ期は「就職支援」，Ⅳ期が「卒後支援」と位置付けられます。これらの支援は「切れ目のない支援」として，入学前，入学直後の時期から，順次つながっているものであり，卒後のフォローアップ支援も含めて連続的な支援の営みと捉えることができます（図8-1）。

⑴　支援とキャリア発達

　支援の中心は修学支援ですが，学生の成長を視野に入れた場合，キャリア発達も大切な支援の目的となります。キャリア発達とは「社会の中で自分の役割を果たしながら，自分らしい生き方を実現していく過程」をいいます。高等教育におけるキャリア教育については，文部科学省中央審議会答申「今後の学校におけるキャリア教育・職業教育の在り方について」[2]に基本的な考え方が示されています。キャリアは発達段階や発達課題と深く関わりながら段階を追って発達していくものであり，さまざまな教育活動を通して実践されること，さらには体験を通じて自己と社会に関して多様な気づきや発見を得させることが重要であるとしています。このような考え方は，富山大学で行っている社会参入支援を通して発達障害のある学生の成長・成熟を実感している筆者が思うことと共通しています。

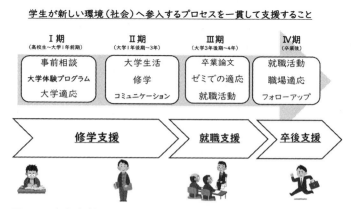

図8-1　富山大学における発達障害のある学生に対する社会参入支援

⑵　就職支援のポイント

　支援室では，たとえ学生に発達障害の特性や診断があるとしても，最初から障害者雇用枠での就職だけを目指して就職支援をスタートするわけではありません。学生本人や家族の意向を尊重しながら，一般雇用と障害者雇用の両方の就職を視野に入れて，どちらも選択できるように，支援開始直後から話し合いを行っています。

　また，日々の修学に関する個別面談の中で，キャリアに結びつく要素，たとえば，スケジュール手帳の使い方やメールの書き方，アポイントの取り方等を丁寧に教え，将来にも役に立つ基本的なふるまい方やツールの活用などの情報を提供しています。一つ一つのことがらが，修学にも役に立ちますし，就職後も求められる態度であることを説明しながら，経験的に身につくようにしているのです。就職活動時期になって特別な就職トレーニングを行うという方法はとっていません。

　就職支援の特徴をまとめると下記の5つになります。

①就職活動全体の流れをナビゲート

　まずは，一般的な就職活動を行います。障害者雇用を検討する学生に関しては，それと並行してそれぞれの就職活動のスケジュールと動き方について説明を行います。ここで大事なことは，すぐに具体的な採用書類の書き方や面接の仕方等の支援に焦点を当てるのではなく，一般雇用，障害者雇用のそれぞれのスケジュールの全体像をいかにナビゲーションできるかという点にあります。つまり，一般雇用と障害者雇用それぞれが，いつから活動をスタートするのか，どういったタイミング（時期）にどんな動きが求められ，どのような準備が必要かといったことの枠組みと，その流れを時系列で示し，全体像を「可視化」していくのです。

　また，学内の就職キャリア支援部署やハローワーク等の学外就労支援機関の利用の目的や方法，タイミングなどについても，適宜，説明を行っています。就職までのプロセスを可視化することが，学生の安心感につながります。

②卒業論文と就職活動のスケジュール管理

　就職活動の全体像が見え，実際に活動をスタートする中で，次に重要となるのが卒業論文作成と就職活動を含むスケジュールの管理に関することです。この二つは時期的に重なることが多いため，それぞれのペースメイクが必要となります。発達障害のある学生の場合，同時に10社も20社も応募して，最終的に負荷がかかってしまい，精神的に破綻してしまうことがあるので，たとえば「同時に2社以上は応募しない」といったことを確認し合う必要があります。また，卒業論文と就職活動の進め方についても，時期的な優先順位をつけ，いつ頃からいつ頃まで就職活動を優先し，たとえ，内定が出ていなくても，いったん就職活動を中断し，卒業論文にギアチェンジするのかといったことも，事前に決めていく必要があります。これらのことは，本人と支援者だけで決めるのではなく，指導教員と情報共有し，学部の特徴も考慮しながらスケジュール調整していく必要があります。また，就職活動は家族の心配も大きくなるので，正しい情報を伝えながら，サポートをお願いするようにします。

③直面した問題を自己理解につなげる定期面談

実際の就職活動では，学内の就職キャリア支援部署と連携をしながら，適宜，採用書類の作成や採用面接の練習も行っています。採用試験における事前の支援はもちろん重要ですが，支援室では，むしろ「事後の振り返り」に重きを置いています。就職活動は，これまでの学生とはまったく異なる立場になります。支援室の面談で，事後の振り返りをするのですが，学生が初めて「直面した問題」を対話の中で扱い，本人の気づきや問題に焦点を当てることで，実感を伴った自己理解につなげるようにしています。

採用面接の不採用が続くと，どうしても「面接でどこが悪かったのか」といったマイナス面ばかりに話の焦点が当たりがちですが，むしろ不採用になった面接の中でも，「どこがうまく言えたのか」プラスの面に焦点を当てて，「否定しない振り返り」を意識しながら，良かったところを次の面接につなげるようにしています。このように直面した問題を自己理解につなげ，対話を重ねていくのですが，必要に応じて一般雇用と障害者雇用のメリット，デメリットについても伝え，学生が自分に合った働き方を考えるための情報を提供しています。

④強みを生かせる職種の選択

就職活動をしていく中で，どのような職種を選択するかは，非常に重要です。職種を選択するにあたって，「大学で学んだ専門性を活かしたい」あるいは「活かさなければならない」といった考え方になりがちですが，筆者は所属学部の専門性にこだわらず，学生の強みを生かせる職種を選択するように伝えています。もちろん，大学で学んだことを仕事に活かすことができればよいのですが，働くことは，必ずしも大学で学んだ専門性を活かすこととイコールではなく，学生本人の好きなことや得意なこと，さらには「できること」にも目を向けて，柔軟かつ幅広い視点を持つことが大切だと考えています。また，発達障害のある学生の中には，「自分はコミュニケーションが苦手だから，営業職に就いて，コミュニケーション能力を高めた

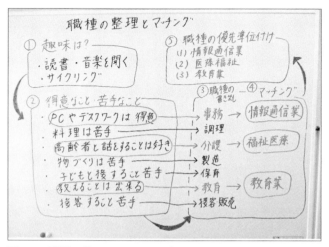

図8-2　職種の整理とマッチング

い」といった克服願望をもつ学生も少なくないので，その場合は苦手さに直結する職種は避けるよう，自分の強みや得意なことで，職種を選択するように伝えています（図8-2）。

⑤就労支援機関と大学の強みを生かした連携

　発達障害のある学生の就職活動支援を行う上で，就労支援機関と大学の連携は欠かせないものです。特に，大学がもつ本人の強みなどの情報や，対話のコツや本人に合った伝え方などの支援スタイルは就労支援機関が非常に役に立つ情報であると言われています。また，就労支援機関が持つ「職場へのアプローチ力」は，大学は持ち合わせていません。大学と就労支援機関がお互いの強みを活かした連携をすることが，学生に必要な合理的配慮を早急に準備できることにつながるのではないでしょうか。

　就職活動の支援で最も重要なことは，学生本人の意志を尊重し，本人を説得するのではなく，本人の納得を目指して，支援をしていくことです。

3．採用に至ったと思われる理由

　富山大学の場合，毎年，約20名の発達障害のある学生が卒業していきます。そのうち，障害者雇用枠で就職する学生は2〜3名ほどで，ほとんどの支援学生は一般雇用枠で就職しています。支援の特徴といえるのですが，図8-3 の左側のピラミッドに示していますように，修学支援は週一回の定期面談を基本としているので，学生は「安定した大学生活」を送ることができるようになります。また，定期面談における支援者との対話を通して，自分自身のありがちな失敗や特性に目を向け，工夫の仕方を知るようになり，自己対処能力が向上していきます。そして，学年が上がるにつれ，本来持っている優れた能力，特性上の強みを発揮することができ，自信を持って就職活動に臨むことができるようになっていきます。そして，右側のピラミッドにあるように，就職後も，最初から特性の強みを生かし安定したパフォーマンスを発揮する卒

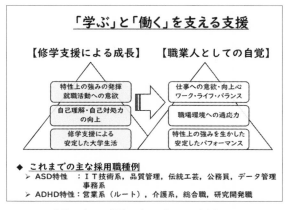

図8-3　「学ぶ」と「働く」を支える支援

業生が多いです。企業を訪問すると，入社直後の環境への適応には配慮が必要とのことですが，仕事への意欲や向上心は，他の社員に引けをとらないと高い評価を受けています。それぞれの特性に応じた職種を選択することによって，安定した社会生活を送ることができていると思われます。

4．フォローアップ支援を行うに至った経緯

　支援室を設立した 15 年前は，大学は在学中の修学支援を行い，卒業後は地域の就労支援機関に引き継ぐ流れを想定していましたが，発達障害のある大学生の雇用に関しては，採用側の企業はもちろん，大学と企業をつなぐ就労支援機関も多くの戸惑いを抱えていて，スムーズな就職活動ができていないのではないかという疑問がありました。また，就職できたとしても，その後の安定した雇用に至ることが難しく，定着支援においても，まだまだ手さぐりの状態が続いている現状も見られました。このような現状をふまえ，支援室では設立直後から発達障害のある学生の就職活動に関する研究を始め[3]，筆者が赴任した 2012 年から，本格的な就労支援が開始されることになりました。筆者は以前に勤務していた高等専修学校（技能連携制度により高卒資格が取れる学校）で，発達障害のある高校生の進路指導を行い，生徒の意思を尊重する進学・就職支援の在り方を模索してきました。その経験をもとに，高等教育機関においても，発達障害のある学生への就労支援の可能性について地域就労支援機関と連携しながら企業へのアプローチを行ってきました。卒後のフォローアップ支援に関しては，開始当初から大学からのクレームもなく，むしろ，大学としてすべての学生に対して卒後 3 年を限度に継続的な就職支援を行う方針が示された時期と重なり，スムーズに卒後フォローアップ支援を行うことができています。

(1) フォローアップ支援の概要

　フォローアップ支援の内容につきましては，「卒後就職活動支援」と「定着支援」があり，それぞれのフォローの仕方を図8-4 に示しました。大学の修学支援で行っている面談による支援スタイルにならって定期面談の中で現在の状況を聞き取り，どのような仕事内容なのか，自分なりに工夫していることは何か，どんな場面で困っているかなどを細かく聞いていきます。

　「卒後就職活動支援」については，在学中に就職が決まらない学生に対して，卒業後も継続的にサポートを行い，一般雇用枠，障害者雇用枠の両方を視野に入れながら，支援を展開し，適宜，地域の就労支援機関ともケース会議等を行っています。適切な支援機関につながり続け，就職へと段階的に進んでいくことができるよう，支援が途切れないように支える役割を担っています。時には，筆者が卒業生と支援機関・企業とのコミュニケーション支援を行う必要が出てくるときもあり，お互いの意図が正しく伝えあえるように関係をつなぐ役割を担ってます。

　「卒後フォローアップ支援（定着支援）」は，卒業生からの要望を受けて行っています。仕事

1. 卒後就職活動支援
- 在学中に就職が決まらない学生への卒後継続支援
- 「一般雇用枠」と「障害者雇用枠」の両方を視野に就職支援
- 地域就労支援機関と連携，適宜，ケース会議を行う
- 本人の優位な能力が生かせる職場開拓

2. 卒後フォローアップ支援（定着支援）
- 大卒発達障害者の安定的な雇用に関する調査研究
- 月一回の面談
  - 業務内容，職場環境，職場の体制，職場の人とのかかわり
  - やりがい，困りごと，不安なこと
  - 余暇の過ごし方（体調管理も含めて）
  - 「働き続ける」ためのコツや工夫についての確認
  - QOLの向上やリフレッシュ方法、心身の健康への意識づけ
- 必要に応じて、職場訪問を実施。担当者へのヒアリング

図8-4　卒後の就職活動支援・フォローアップ支援

に関する悩みや職場の人間関係で困ったことが語られることもありますが，大学在学中の支援スタイルで，問題が解決することも多く，辞めることなく働き続けることができています。就職した後，新しい環境に戸惑う最初の壁として考えられるのが就職後1～3週間だと思われます。定着支援におけるフォローアップ面談で重要だと思われるポイントは次の5つ[4]になります。

①フォローアップ面談のタイミング

　月1回の定期面談で，日々の「こだわり」や「気になること」について話題にし，話し合います。

　→突発的に上司に不満をぶつけること等を防ぐために定期的な面談を行います。

②日々の業務の振り返り

　「仕事内容」を話し，日々の業務を振り返ります。

　→日々の仕事内容を言語化し振り返ることで，業務内容の理解が深まります。

③実体験を通したSSTへの意識

　挨拶や「報連相」，上司へのふるまい方等に関する問題を話題にします。学生のときは必要でなかったことが，社会人になったときには求められることがあります。実際の職業人としての生活を通して，社会人として必要なソーシャルスキルについて話題にしていきます。

　→本人の中で意識された困り感に焦点を当て，一つずつ話題に取り上げ，理解を促していきます。

④職場環境の客観的把握

　今の職場環境での働きやすさと働きにくさを整理します。

　→働きにくさについては，改善する方法はないかを一緒に考えます。環境の改善が必要な

場合は，その方法を一緒に検討します。その一方で，会社の配慮に気づかず，職場環境が悪いと思い込み，転職を考えてしまうこともあります。そんなときは，職場環境を一緒に見直し，状況を整理します。配慮を受けている点を再確認し，今の職場を大切にしていこうというメッセージを伝えます。

⑤余暇活動の確認

　　仕事と余暇活動のバランスをとり，1週間の生活スタイルを作っていきます。

　　→精神的，身体的な疲れが蓄積しないように，休日にはゆっくり休むことやリフレッシュすることの大切さを伝えます。

⑵　フォローアップ支援を通してわかったこと

　これまで，多くの学生のフォローアップ支援を行ってきましたが，その経験から明確になってきたことがあります。筆者が常に念頭に置いている「社会参入支援」は，学生が自身の特性を理解し，自己選択・自己決定することを大切にしています。周囲の関係者が学生の将来のためという考えで，先回りした決定をしてしまうことは避けなければなりません。たとえば，一般就職を希望している学生に対し，チャレンジさせることなく，障害者雇用枠での就職を強く勧めることは避けるべきです。学生が納得して自分自身の働き方を選択できるよう，私たち支援者はさまざまな情報を提供しながら，丁寧に伴走する態度が求められます。卒業期までに雇用形態を選択するに至らない場合もありますが，個々のペースで進めることが重要であり，学生の揺れ動きを支援者は支える必要があります。

　また，フォローアップ支援を行う中で，支援者としての大きな感動を感じることがあります。卒業生が，「大学の修学支援を受けていたときの対処法がとても役に立ちました」，「パニックになりそうなとき，To Doリストを書いて優先順位をつけたら落ち着きました」と報告してくれるときです。修学支援の中で浮かび上がった自分自身の特性への理解が，就職後に困りごとを解決する際の糸口になっているのです。給料で家族と一緒においしいものを食べに行ったり，プレゼントをしたり，一人暮らしに挑戦したいという卒業生もいます。働くことを経験し，職業人としての自覚と社会的自立への兆しを垣間見ることができるのも，フォローアップ支援をしているからこそだと思います。

　フォローアップ面談での卒業生の語りは，現在大学に在籍する学生とその家族の支援に活かすことができ，卒業生の語りの蓄積により，より良い就職支援の在り方が明らかになってきます。

⑶　フォローアップ支援の意義

　発達障害のある大学生が卒業し，就職活動を続ける場合，卒業後も安心して継続的に相談できる「場」が必要です。大学卒業と同時に地域の就労支援機関を紹介すれば良いというのではなく，大学で把握した支援のポイントやノウハウを共有するための，複数の当事者（本人・事

```
■ 仕事への向き合い方の変化
   ✓「辞めたい」という気持ちから「続けていきたい」へ
■ 社会人としての豊かな生活
   ✓ 余暇の過ごし方・休日のリフレッシュ法・お金の使い方
■ キャリアの再考
   ✓ 仕事に慣れ、今一度、職業について考える時期へ（転職）
■ 自分に合った雇用形態への意識
   ✓ 一般雇用と障害者雇用等、自分の働き方について考える
■ 今後の人生設計や自立に向けて
   ✓ 社会的自立についてイメージし始める

┌─────────────────────────────────────┐
│ 支援者との対話の中で、今の自分を振り返り、働くこと │
│ や自立を見つめ直し、「自分にとってキャリアとは何か」 │
│ に向き合いはじめる。                           │
└─────────────────────────────────────┘
```

図8-5　キャリアへの気づき

業所・支援者）による「建設的対話の場」を丁寧に築いていく姿勢が重要です。

　卒後フォローアップ支援の意義として、私たち支援者は、卒業生のフォローアップ支援を行う中で、卒業生の変容を確認することができます。まず、職場に慣れ、安心した働き方ができるようになっていくと、仕事への向き合い方が変化します。そして、社会人として、仕事だけでなくプライベートもうまく充実させ、豊かな生活を送るための工夫をするようになってきます。中には、自分自身のキャリアを見直す人もいます。キャリアの再考は、障害の有無に関係なく誰でも一度は経験するものではないでしょうか。スキルアップして、新しいキャリアを積んでいきたいと思う気持ちを大切にしたいと思います。しかし、転職を積極的に勧めるということではありません。仕事への向き合い方や、より高まろうとする意欲に対し、敬意を払うということです。自分に合った雇用形態への意識を持ち、今後の人生設計や自立に向けて、今の自分を振り返り、働くことや自立することを見つめ、「自分にとってキャリアとは何か」ということに向き合い始める心の動きに寄り添いたいと思います（図8-5）。ただ働き続けていくという姿勢から、「この会社でやっていこう」という覚悟に変わる瞬間を見て取ることができることも、支援者としての喜びです。フォローアップ支援とは、職場定着だけが目的ではなく、このような本人の内的成長や職業人としての自覚の芽生えなどが期待できる一つの生涯教育としての意義があると考えています。

4．事例：アスカさんの場合

　フォローアップ支援を行った一人の卒業生を紹介します。
《大学生時代》
　アスカさんは、大学の理系学部に入学後、1年時からサークル活動にも参加し、単位取得も問題なく順調な大学生活を送っていました。しかし、2年生になって、実験が始まり、その中で、複数の人といるとコミュニケーション上の情報処理が追いつかなかったり、頭では理解で

きていても，身体が動かないことがあったり，手先に不器用さがあることで，移動の際にも迷う等の困難が生じるようになってきました。この頃から，アスカさんは，前々から生活や学校生活にも支障があって，「もしかしたら，自分は発達障害かもしれない」と思っていたとのことでした。

　大学3年生のときに「就職のことで悩んでいる」と支援室に自主来談しました。同時に，病院にも受診しており，そのときはすでに自閉スペクトラム症の診断を受けていました。支援室のサポートを受けながら，一般の就職活動を行い，最終選考までいくつか通過していましたが，面接で言葉に詰まってしまい，就職活動を続けることの困難さを感じ，採用には至らず卒業を迎えることになりました。アスカさんからは「卒業後も，しばらく支援室でのフォローアップ支援をお願いしたいです」との話があり，家族にも相談した上で精神障害者保健福祉手帳を取得することを決め，障害者雇用枠も視野に入れて活動を行っていくことになりました。

《大学卒業後〜就職活動》

　卒業後は支援室とハローワークが連携して障害者雇用を視野に入れた就職活動を行いました。具体的には，ハローワークの相談員にアスカさんの特性に合った企業を紹介してもらう形で就職活動を進めました。その際，アスカさんの能力を正しく評価してもらうことを目的として，採用面接時に大学の支援室スタッフの同席を許可してくれる企業を探してもらいました。これら障害者雇用における一つ一つの動きについては，アスカさんの希望が前提となっており，進め方に関する合意をとりながら支援を行っていきました。

　はじめに，ハローワークからの紹介で，X社という会社を受けることになりました。X社に対し，支援室スタッフは事前にアスカさんの特性を説明する必要があると考え，話し合いの場の設定をハローワーク相談員に依頼しましたが，X社は大学の支援室スタッフが介入することへの抵抗感を示し，実現しませんでした。この状況を受けて，支援室スタッフとハローワークの相談員と求人開拓員は会議を行い，今後に向けた対策を検討しました（図8-6）。

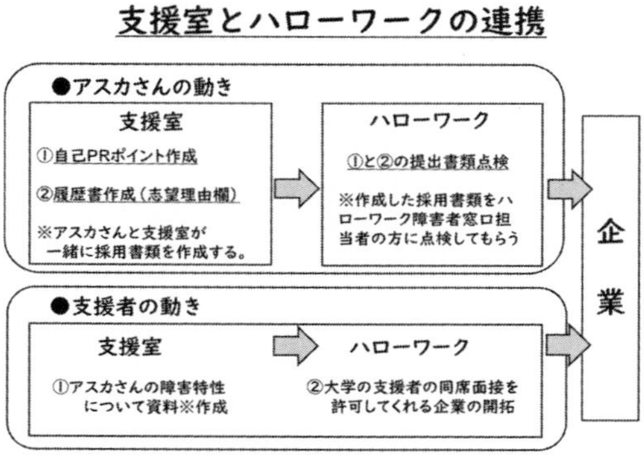

図8-6　支援室とハローワークとの連携

※ アスカさんの障害特性に関する資料

●所見（採用担当者へ伝える際に留意して頂きたいこと）
・過度な不安を持たれないように伝えてほしい。
・本人の強みを中心に伝えてほしい。

●障害について伝えてもらいたい内容（在学中の所見）
・発達障害は人によって困難さがそれぞれ異なり、アスカさんは抽象的な指示の理解や相手の意図を先読みすることは少々苦手としていますが、困難さの度合いは発達障害のある方としては非常に軽微です。大学でも別な配慮なく4年間で卒業出来ています。

・仕事以外の面では雑談などの会話が苦手であり、多少雰囲気が堅かったりしますが、真面目で素直な性格は大学の所属サークルでも仲間から受け入れられていました。

・発達障害のマイナスイメージとして持たれがちな、いわゆるパニックを起こすといったことは全くなく、対人トラブルもありません。

・本人は、障害者雇用を希望し、仕事において特性上の苦手さがあることを理解していただいた上で働きたいと考えています。

図8-7　アスカさんの特性に関する資料

その直後，障害者雇用の求人を希望するＹ社をハローワーク相談員から紹介されました。ハローワークの求人開拓員に，支援室スタッフが作成したアスカさんに関する資料（図8-7参照）を企業に提出し，説明をしてもらうことにしました。また，支援室スタッフが面接時に同席することの許可を得ることもお願いしました。Ｙ社からは，「発達障害のことが分からないので，大学の支援員に同席してもらってもかまわない」との返事をもらいました。採用面接では支援室スタッフが同席する形で，アスカさんの特性について補足説明を行いました。アスカさんは無事に一次面接の選考を通過し，二次面接については，支援室スタッフは同席を控えたのですが，二次面接の選考も通過し，採用合格通知（３カ月間のトライアル，３カ月間の試用期間６カ月試用）を受けとるに至りました。

《支援室とハローワークの連携（就職前）》

アスカさんの就職活動に関しては，ハローワークにつながった時点で，支援室スタッフが必要に応じて同行し，ハローワーク相談員との話し合いの場を設定しました。Ｘ社に対して行ったアプローチ（アスカさんの事前説明の場を求めた）がうまくいかなかったことへの振り返りを行い，いくつかの改善点を考えました。

求人開拓員がアスカさんの特性を企業に分かりやすく説明する必要があり，そのための資料（図8-7）を支援室スタッフが中心となって作成しました。具体的には，アスカさんの優れた能力や企業にとってのアピールポイントを前面に出した資料の作成です。その資料をもとに，大学の支援者の同席を許可してくれる企業の開拓をハローワークに依頼し，その結果，Ｙ社が見つかり，本人の状況を適切に伝える場を確保しました。また，自己PRポイント作成と履歴書作成にあたっては，アスカさんの思いがうまく表現できるように，アスカさんがあげたキーワードを支援室スタッフがホワイトボードに書きあげ，つなぎ合わせ，文章化していきました。その後，ハローワーク相談員が最終的にそれを点検するという形での連携でした。

支援室スタッフが面接に同席する目的は，いくつかあり，過去の就職活動支援での反省がその理由となっています。基本的な考えの基盤は，発達障害のある学生の得意・不得意を正しく

伝え，働く上で有効な支援や配慮について企業に知ってもらうということに尽きます。アスカさんの場合は具体的に次の3点を行いました。

① 一般的な発達障害の特性について企業に説明し，企業の不安，あるいは誤解や間違った認識を解消する。

② アスカさん固有の特性について説明する。特に，アスカさんの強みをアピールし，苦手さについては具体的な状況を伝えていく。

③ 採用面接の中でアスカさんが受け答えに詰まった場合，本人が言語化するところをサポートしたり，通訳したりする。

支援室スタッフがY社に特に強調して伝えた内容は，アスカさんのコミュニケーション上の苦手さ，たとえば，場を読むとか，曖昧な指示や抽象的な表現はわかりにくいことであり，一生懸命に作業に取り組んでいると，その場の雰囲気を掴むことができないことなども伝えました。

また支援室スタッフが同席する上で意識したポイントは，いかにファーストインプレッションをプラスイメージに伝えられるかということであり，本人を正しく評価してもらうための役割を担うことで，企業側の不安を解消し，本人の得意な分野を活かすことができる部署を考えてもらえる材料を提供したいという点です。

二次面接選考では，こちらから積極的に同席を求めるのではなく，ハローワーク相談員から企業に「二次面接も支援者の同席は必要でしょうか」と企業側に判断を委ねました。Y社の答えとしては「一次面接でほぼアスカさんの障害について理解できたので，二次面接はアスカさん一人で大丈夫です」とのことでした。

《会社へのアプローチ（就職後）》

就職後も，アスカさんの希望を受けて，月1回のフォローアップ面談を継続しました。面談では，職場での業務内容の振り返りや報連相の仕方，困ったときの対応方法等について話し合いました。アスカさんは責任ある仕事を任され，その期待に応えるべく，充実した職業人としての日々を送っていました。その他，余暇（休日）の過ごし方，体調の整え方等についても相談があったので，アスカさんの過ごし方を聞いたり，リフレッシュ法を聞き，筆者からもいくつかの提案をしたりしました。

一年半が経った頃，部署内の人事異動があり，問題が起こりました。定期面談の中で話を聞くと，アスカさんの努力だけでは解決が難しいと感じ，本人の要請をもとに，筆者とハローワーク相談員が企業を訪問することになりました。ハローワークの調整のもと，会社側（部長，課長，主任，人事総務）とハローワーク（障害者窓口担当者），大学支援者（筆者）で支援会議を行いました。採用されたときと状況が変わったことを受けて，所属部署全社員に向けた「発達障害」についての研修会の場を設定してもらいました。また，部署の管理職との支援会議を行い，現在起きている問題に関する対応を話し合いました。その際，大学の支援室から

アスカさんの特性と対応例をまとめたシート
（※一部抜粋）

＜**本人の困りごと**＞
・会議のような場で話を聞くことが苦手です。
・電話対応では戸惑ってしまい、上手くできないことが多いです。

＜**その原因となる特性**＞
・一度に多くの情報をキャッチすることや、全体を見て状況を確認することや、その場での臨機応変な対応が苦手です。

＜**考えられる対策**＞
・可能であれば、会議終了後に必要な点を簡単に伝えていただくと本人は確認でき、安心すると思います。
・電話応対については、アスカさんが聞き取れない、あるいはすぐには分からない場合、前部署では、①調べてあとで折り返し連絡する、②他の人に代わる、というように選択肢を明確に指示していただきました。このような対応方法については、転部署の際に新しい上司にも伝えていただくとありがたいです。

図8-8　アスカさんの特性と対応例をまとめたシート

は、図8-8 の資料を提出しました。

　会社訪問を行い、支援会議をしたところ、明らかになった事実がありました。以前の部署では、アスカさんを担当する責任者が明確にされていて、マンツーマンでサポートしていたのですが、一年半後の部署異動の際に、責任者が替わってアスカさんの障害特性に関する情報が伝達されていなかったことが判明したのです。

　そこで、今後の対応策として、次の四つのことが再度確認されることになりました。①責任者への引き継ぎを確実に行うこと。資料の引継ぎは必須である。②同僚への障害に関する説明を行うこと。③困っている場合、一見、行動が停止しているように見えるので、そんなときは声をかけて、本人の訴えを聞くこと。④メールによる作業伝達や報告書の提出の際は、テンプレートの見出しで判断しやすいよう配慮すること。この四点に関して配慮することの合意を得て、再度、アスカさんへのサポートを行ってもらうことを確認しました。また、人事担当者からは、今後も必要に応じて支援会議を定期的に行うことを約束していただきました。

　現在、アスカさんは、就職して８年目に入りますが、責任ある仕事も任され充実した社会生活を送っています。同時に、今後についても、新たなキャリアアップ（転職）も視野に入れながら、引き続き、月に一度、大学の支援室でフォローアップ面談（定着支援）を受けています。アスカさんの趣味は、「ふるさと納税」で、最近も○○産のサクランボや、○○産のお肉を注文し、家族にご馳走したようで、家族が喜ぶ姿を見るのがとても嬉しいとのことです。また、アスカさんは、もともと「社会貢献をしたい」という気持ちも強く、全国のさまざまな地域の名産品を注文することで、他県の力になれるということも、ふるさと納税をする大きな理由の一つのようです。

〈日下部　貴史〉

参考文献

1 ）文部科学省「障害のある学生の修学支援に関する検討会報告（第二次まとめ）について」
　　http://www.mext.go.jp/b_menu/shingi/chousa/koutou/074/gaiyou/1384405.htm（2021年 1 月13
　　日確認）

2 ）文部科学省（2011）職業観・勤労観を育む学習プログラムの枠組み（例）──職業的（進路）発
　　達にかかわる諸能力の育成の視点から──．高等学校キャリア教育の手引き，18-19.

3 ）吉永崇史（2010）　就職活動支援ストラテジー．斎藤清二・西村優紀美・吉永崇史（著）発達障害
　　のある学生支援への挑戦──ナラティブ・アプローチとナレッジ・マネジメント──．pp240-261.
　　金剛出版．

4 ）日下部貴史（2014）成人期の暮らし「発達障害のある大学生の就職③」発達教育 6 月号Vol.33
　　No.6

第9章

卒業後のコミュニケーション支援

1．はじめに

　地域の就職・定着支援を行う機関や就職先となる企業との連携により，安定的な就労が実現した事例に焦点を当て，大学から社会への支援の在り方について提案したいと思います。

　大学で修学支援をしていた卒業生が，卒業後に就労支援機関を利用して，企業に就職した支援事例を紹介します。事例の女性はユカリさん（仮名）です。ユカリさんが在籍していた約10年前，支援室では大学での修学支援はしていましたが，就職活動支援に関しては手探りの状態でした。就労支援機関につなぐことが大学としての最終的な支援の終結だと思っていたのです。ところが，就労支援機関においても，高機能の発達障害者への対応がそれほど進んでいない頃で，関わるすべての障害者就労の専門家も手探りの状態だったように思います。私たち大学の支援者も同様で，一緒に大学卒の高機能発達障害者への就労支援の在り方を模索しながら進めていったというのが現状でした。

2．職場定着支援——ユカリさんの場合

　ユカリさんは ASD の特性があり，幼少期からいくつかの相談センターを利用しましたが，診断には至らず，また，高校まで特別な配慮を受けることなく大学に入学してきました。ユカ

リさんの実感としては，対人コミュニケーションの問題で生きづらさを感じつつ勉学に励んできたとのことでした。大学での困りごとは，実験時のグループワークに関することのみで，学修に関しては学科でトップレベルの評価を受けていました。

〈エピソード〉

　2年次，実験中にパニックになり教室を飛び出し，保健管理センターに駆け込んできました。主訴は，「実験で使用した薬品が体内に入り，息苦しい。このままでは死んでしまう」とのことでしたが，カウンセラーが話を聞くと「みんなとうまく話せない，グループの役に立つことができない」という気持ちで苦しくなり，不安でいっぱいになったとのこと。さらに詳しく状況を聞き取ると，「小学校のころからグループ活動で，仲間に入れないことが多かった。先生に無理やり入れてもらっても居心地が悪く，グループのメンバーにも申し訳ない気持ちになって，それ以来グループ活動は苦手で，その場にいられない気持ちになる。実験実習が始まって，過去のことが思い出され，その場にいたたまれなくなって教室を飛び出してしまった」と泣きながら話したのでした。その後，支援者はすぐに実験実習担当の教員にグループ編成に関する相談を行い，実験実習でのグループ編成はくじ引きで決め，毎週，メンバーが入れ替わることとなりました。

　その後，ユカリさんは，「グループのメンバーが毎回変わるので，親しくなりすぎない雰囲気のままで話し合いが行われます。自分から発言する機会もあり，落ち着いて実験に参加できます」との報告があった。

　このことをきっかけに，ユカリさんは定期的に支援室に通い，面談をするようになりました。3年生の半ば頃，研究室配属や就職活動に対する不安が募り，支援室での面談ではその不安を爆発させることが多くなってきました。

　「研究室配属とか，将来のことを考えるのがつらい。どうやって向き合えばいいんですか？逃げちゃダメだってわかっている。今までの人生，ずっと，良かったと思えることがなかった。特に，未知との遭遇は倒れそう。不完全な自分に不安です。私にはできないことがある，やれない自分がいる。」

　ユカリさんは苦しい胸の内を明かしてくれました。座学の授業では優れた能力を発揮し，順調に単位を取得したユカリさんでしたが，ゼミという新しい環境への不安や，就職活動と就職試験への不安が一気に押し寄せてきたようでした。

　発達障害の特性がある学生に対する修学支援は，現在から未来に向けての出来事を整理し，よりよい学びの場を整えていくことが目的です。未来に目を向けていくという方向性を持ちながらも，学生にはこれまでの人生で積み上げられた実感としての記憶があります。ユカリさんの経験に代表されるように，過去の体験は必ずしも良かったことばかりではありません。そこで体験された深い苦しみと不安は，時を超えて再燃してくるものです。支援者は，その体験に耳を傾け，学生の苦しみや不安を受け止めつつも，これからどうすればよいかということを一緒に考えていきます。過去のトラウマが再燃したとき，信頼できる人との語りによって認知が

少しずつ変容していくことがあります。ASD の特性に合った認知変容へのアプローチは，青年期には非常に大切になってきます。

(1)　働くことへの不安

　在学中に受けた就職試験は，筆記試験は合格するのですが，面接で落ちてしまい，ユカリさんは就職先が決まらないまま卒業に至りました。この経験はユカリさんの働くことへの不安感や恐怖感を誘発することになってしまいました。そんなとき，発達支援センターやハローワークの相談を経て，ユカリさんはコミュニケーション面での配慮を受けながら就職する方法があることを知り，就労移行支援事業所を利用することになりました。利用にあたっては，病院を受診し，精神障害者福祉手帳を発行してもらい，福祉サービスを利用するという手続きが必要でした。診断が出てから実際に手帳を受け取るまでの半年間は，職業評価や職業訓練を受けるという流れになります。この間，大学の支援室にも定期的に通い，自身の障害についての語りや，訓練への不安や疑問を語っていきました。

　先述のように，新しい環境への不安はとても大きいため，ハローワークでの出来事や障害者職業センターでの訓練に関する不安や疑問も，面談のたびに話題にあがり，大学での面談では，ユカリさんが体験したことを時系列で整理し，意味づけを行い，ユカリさんの不安や疑問を解消していきました。

〈エピソード〉

　ユカリさんは，障害者職業センターでの職業評価を受けているときに泣き出してしまい，医務室に連れて行かれました。支援会議では，「不安定な人はたとえ仕事ができても，紹介できません」と言われてしまいました。支援室でユカリさんの話を聞くと，「ふと別のことを考えていて，失敗してしまいました。一緒に訓練を受けている人はちゃんとやっているのに，集中できなくて。簡単なこともできない自分に絶望して泣き出してしまいました」と言います。泣き出したときの気持ちを尋ねると，「職員さんが，慌てた様子で，どうしましたか？　と駆け寄ってきたので，それにびっくりしてしまい，頭が真っ白になってしまいました」とのこと。支援室では，ユカリさんが単純作業では集中力が維持できない傾向にあることを確認し，職業評価は一つの指標になるけど，それがユカリさんのすべてを評価するものではないことを伝えました。また，仕事を選ぶ際には，単純作業は避けて，ユカリさんの得意なデータ管理などが向いていることを話し合うと，ユカリさんは落ち着きを取り戻しました。

〈西村　優紀美〉

(2)　就労移行支援〜障害者福祉サービスとは〜

　ユカリさんが大学卒業後に利用した障害者就労移行支援サービスとは，障害者総合支援法に基づく障害者サービスの一つです。原則18歳以上，65歳未満の障害者を対象に，24ヶ月の有期限のなかで職業能力の評価や，職業訓練，インターンシップ等の活動を行い，当事者の特性に

応じた就労を実現することが目的です。さらに，仕事に就いた後も企業のニーズと本人の特性を調整しフォローアップする定着支援も併せ持つ障害者福祉サービスです。このサービスの利用対象者は，知的障害・身体障害・精神障害と多岐にわたっており，学歴では特別支援教育を受けてきた人から国立大学大学院を卒業した人までさまざまであり，職歴も大手企業で健常者として雇用され，職業人としての長い経験を持つ人から，アルバイト経験のない人までさまざまな経験を持っている人が利用しています。

　就労移行支援事業所リエゾン（以下，リエゾン）（図9-1）では，設立当初から高機能の大学卒業者を受け入れてきましたが，普通教育の課程を経て障害者就労につながってくる場合，障害受容を含む自己理解や，障害者福祉サービスという文化を受け入れるようになるだけでも時間がかかり，利用の途中で継続を断念する人も多いという現実がありました。

　富山大学教育・学生支援機構学生支援センターのアクセシビリティ・コミュニケーション支援室（以下，支援室）スタッフが，卒業生の就職に関して当事業所を訪問したのは，このような時期でした。支援室スタッフは，大学2年生から支援をしていたユカリさんの就労支援についての相談に来所し，福祉事業所の環境やプログラム内容を見学していきました。福祉事業所と利用者とのマッチングを検討するために，環境アセスメントと環境マッチングを行うという新しいスタイルは，今でも大変めずらしく，深く印象に残っています。

　ユカリさんがリエゾンの利用を希望し，事業所と契約を結ぶことになってから，非常に役に立ったのは，大学支援室が支援を行う中で得たユカリさんの特性やコミュニケーション上の留意点に関するデータでした。卒業までの3年間，大学で行われた支援実績は財産であり，ユカリさんの成長の足跡でもあります。ユカリさんが支援を受けることによって成長しただけではなく，支援者もまたユカリさんによって成長する部分があります。福祉サービス利用開始後に

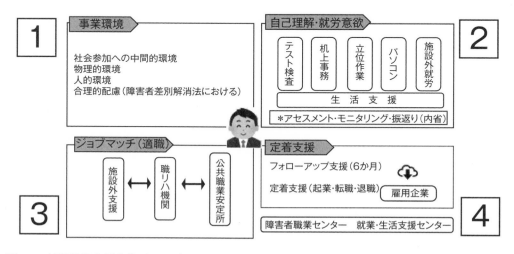

図9-1　就労移行支援事業所リエゾンの実践

生ずるであろうさまざまな問題への効果的な支援方法を，その時々で話し合えたことは，福祉支援者にとって何よりの安心でしたし，迅速かつ効果的な支援を可能にしました。

(3)　福祉事業所における支援
リエゾンでは大きく分けて4つの支援を行っています。

① 事業環境の整備
 i　それまで生活してきた環境と，働く場所との中間的な環境を用意します。
 ii　遠方からの通所を可能にするために，柔軟に交通手段を選択できるように，大きな駅（金沢駅）の傍で事務所を構え，支援を行います。
 iii　支援員は，福祉の就労支援専門職員，元教員，企業勤務経験者（人材派遣業，営業，事務職），元国家公務員，芸術家等，企業を幅広い視野で評価できる人材を採用しました。
 iv　事業所での支援は，社会保障制度の下での支援活動であり，人権を尊重し障害者差別解消法の合理的配慮を含むコンプライアンスを職員，利用者共に意識しながら活動しています。

② 職業訓練（自己特性の理解，就労意欲の向上を目指して）
 i　テストや検査，一般常識や事務仕事等の基礎学習を支援します。
 ii　立位での手作業や，重量物の移動仕事，ピッキング等の実技支援をします。
 iii　パソコンの技術をスキル段階に応じて支援します。
 iv　実際の企業でインターンシップや実習の機会を多く持ち，利用者全員に提供します。
 v　ビジネスマナー，清潔感のあるおしゃれやビジネスファッションの支援，アイロン掛けやボタン付け等の生活面での自立を図るための基礎的支援を提供します。
 ※事業所内での活動や，家や社会での行動について，随時に振り返りを行っています。また，週に一度は，個々にモニタリングや相談の機会を確保しています（図9-2）。

③求職活動
　　ハローワークや県障害者職業センターと連携し，本人の特性とのマッチングを重視し，強みと弱みに合った職場を探し雇用に結びつけます。

④定着支援
　　就労後，企業への定期的な訪問を行い，当事者の特性に応じた仕事の教え方や働く環境の調整，本人及び企業の悩み相談等，フォローアップ支援という制度の下に定着支援を行います。

図9-2　グループディスカッション

(4)　高機能発達障害のある学生の支援の難しさ

　普通教育課程に在籍し通常の教育を受けてきた高機能発達障害のある学生が福祉サービス（サービス利用条件は障害名や障害者手帳の受理）を利用して就職に至るまでには一つの壁があります。大学を卒業し，一度は社会経験し就職に失敗した人でも，目の前にいる異なる障害の利用者と共に訓練すること自体，心理的葛藤をもたらすことがあります。勉学に励み，偏差値の高い大学を受験し，資格・免許を取ることに価値を置いてきた人にとって，自身の障害特性を受容し，障害者雇用枠を選択することを決心するまでには時間がかかるものかもしれません。自己受容・障害理解という大きな心理的葛藤を，支援者は想像し，理解する必要があります。時間をかけて，認識の変容のプロセスに寄り添いながら，新たな価値観を持って生きることを選択する高機能発達障害のある学生を支援する人でありたいと思います。

　現実的には，障害者雇用枠での就労は，障害者福祉手帳を取得する必要があります。また，福祉サービスでの訓練は一見単純な作業に見えます。残念ながら事業所の利用が続かなかった高機能発達障害のある学生が，「こんな幼稚な訓練を障害者と共に行うのですか？」と，訓練への拒否感を語ったことは忘れられないエピソードです。

　これまで富山大学で支援を受けてリエゾンを利用した人は2名ですが，利用開始時から感じたことは，富山大学で支援を受けてきた卒業生は，福祉事業所の他の利用者に対しての偏見がまったくないということでした。先に述べたように，大卒の発達障害者には，学歴に対する自負心から，知的障害者と同じ事業所での利用に抵抗感を持つ人もいますが，富山大学の卒業生はそれよりもむしろ，他の利用者の状況を観察し，自分には足りないその人の良いところを学ぼうとする姿勢がありました。たとえば，「私は失敗するとパニック気味になるけれど，○○さんは落ち着いてやり続けることができるのでうらやましいです」と言うことがありました。同じ立場にいる人を観察し，自分の行動を振り返り，行動を修正する力があると思いました。また，自己理解がなされていることにも驚きを感じました。語りを大切にしたナラティブ・アプローチによる個別支援が大学の支援のベースにあるからではないかと思います。そして，小集団活動（ランチ・ラボ）の場で，自分の意見を主張するだけでなく，他の人の意見や考えにも耳を傾けるという態度が醸成されたからではないかと思います。

　学生時代に自分の苦手と得意を自覚し，苦手なことは対処法を選択するという態度が形成されていない段階で福祉サービスの利用を開始すると，職場での不適応が起きたり，二次障害を起こしたりする場合があります。自分自身の障害特性を理解することは，合理的配慮を要請する場合，非常に大切になってきます。本人抜きで，配慮内容が決まるわけではありません。これは，大学という教育の場であっても，働く場であっても同じです。富山大学で支援を受けていた卒業生は，特性に応じた合理的配慮を受ける体験をした上で就労につながっていたことが，福祉サービス利用からスムーズに企業就労につながった理由であると考えます。

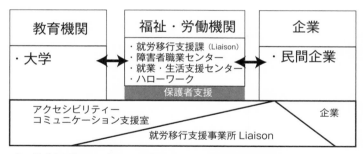

① 的確な評価，エピソードの提供により，事業所利用開始時のインテークの質が上がる。
② 個々人特性に応じた支援方法の教授，オンブズマンとしての評価により支援の質が高まる。
③ ①②の結果，就労スムーズに移行が可能となった。

図9-3　連携支援の効果

(5)　福祉事業所と大学との連携によって可能になった支援

　ユカリさんは，非常に良い成績で大学を卒業しました。データに関する興味が強く，一瞬で記憶し分析する能力を持っています。間違うことが嫌いで，丁寧な仕事をしますので，ユカリさんが持っている良さは，仕事をする上での強みになります。しかし，ユカリさんの強みは弱みとして表出することもあります。データにとらわれすぎて，仕事が進まなくなるときもありました。また，些細な間違いを許せず，パニックになることがあります。弱みは，ユカリさん自身も自覚していますが，自分流のこだわりや思考の硬さを修正することはとても難しいことです。大学支援者は長い時間をかけてユカリさんが気持ちを落ち着けるための方法を，ユカリさんと一緒に見つけてきました。そのコツを，私たち事業所は支援会議で引き継ぎ，さらには，企業の担当者との支援会議でも同じように伝えていきました。ユカリさんの特性を，本人の言葉を引用しながら説明するのです。難しい言葉で障害特性を伝えるのではなく，具体的な対処法を行動レベルで伝え，実際にやってもらいます。たとえば，単純作業はミスが多くなるので，時間の枠を決めて行うよう指示を出し，得意な数的処理やコンピュータ入力には集中して取り組むので任せるようにするなど，特性に合った働き方を提案します。支援の方法を伝えるための話し合いは大学と事業所，企業との連携会議の中でスムーズに行うことができました（図9-3）。

☆実際の連携内容

① 特性と対応に関する引き継ぎ

　引き継ぎ時の丁寧な本人データの受け渡しがありました。

　＊指示を素直に聞きます。

　＊一度覚えると，なかなか忘れません（視覚優位）。

　＊報連相，確認行動をしっかり行います。

【課題】		【解決法】
＊長い言葉の指示	→	簡潔な指示がより理解しやすい。
＊急な変化や変更	→	事前，あるいは早期に予定を連絡すると安心します。
＊初めての仕事	→	言語とモデリング（実際に行動を見せてみる）工程を自分でメモをとることができます。
＊報告先，質問のタイミングが理解しにくい	→	窓口の固定化（不在の場合は，順位性を含めて）アイコンタクトや背後に立つ等のサインが出た場合は，声かけをいただくと助かります。
＊集団の環境	→	食事後に一人になる時間を確保していただけると嬉しい。
＊ルール・マナー	→	仕事を通じて正確に習得します。
＊失敗	→	必ず報告します。（自責の念が強すぎる傾向あり。いつもどおりに接してください）
＊自信のなさ	→	経験を積むことで自信につながります。

　＊サボることなく，指示があるまで休みません（無遅刻・無欠勤）。

　＊数的処理，コンピュータ入力は正確です。自分で見直し100％を目指します。

　＊責任感が強い。

　＊回数を重ねることで，正確性・スピードも上がります。

　＊同じことを何度でも正確にできます。

②　ユカリさんの課題と解決法の例

　特性に対する支援方法は，上のようにはっきりした解決手段があります。大学生時代から引き継がれた効果的な解決策を，今後も引き継いでいく必要があります。

③　連携会議の開催

　企業にリエゾンと大学支援者が訪問し，環境面での人的・物的支援に関する支援会議を行いました。

　支援会議では，ユカリさんの仕事への取り組み・コミュニケーションの取り方をテーマに意見交換を行いました。入社当初から現在に至るまでのユカリさんの状況に関して企業側から説明があり，ユカリさんの強みが会社にとってどのような利益を生んでいるかについて説明がありました。また，初めて障害者雇用枠で発達障害者を雇った企業にとって，就職後にも続けられるリエゾンとの連携は非常に心強かったとのことでした。

　以下の内容は，支援会議で企業から報告があった項目です。

①リエゾンからの説明，実習体験，ジョブコーチ支援があったので，実務やコミュニケーションに支障の必要性は感じない。仕事は常に前向き。「報連相」もしっかりできている。

②仕事定着はスムーズ，新たな業務に対して指示を必ずメモし自分で工程を整理ながら遂

　行している。

③当初は新しい業務が出たときはリエゾンと支援調整したが，現在では自社で対応可能。

④困り感を自分申告できる。電話応対無しの条件で入社したが，現在は内線の対応，また，特定のクライアントには外線で電話交渉が可能になった。

⑤仕事のミスが少ない。責任感が強い（強すぎる）。

⑥スキャニング，メール，FAX等の電子媒体もミスなくこなす。

⑦支店長による本人観察から，環境や指示の工夫によって健常者以上の仕事力が発揮できていることがわかった。アフター5の参加も可能になり，成長する姿を見ることができた。キャリアアップの可能性がある。

⑧入社時に職員全体に周知した「自己紹介シート」は，今も業務変更や仕事指示時に活用している。

⑨会社に直接言えない事を，リエゾンが聞き取り，本人の許可を得て報告があり，人事管理に業務遂行に助けてもらっている。

　福祉事業所もまた，支援上，困難な問題が発生したときに，大学支援者に尋ねることができたことは大きな安心感につながりました。企業でのインターンでの評価を共有化し，実際の就職活動に向かうための支援方法を一緒に考えていくことができたことが，ユカリさんの安定した就労を実現した要因であったと思います。

④　就労後の支援会議

　就職が決まった後も，定期的に大学支援者と共に企業訪問し，現状を確認し，追加すべき配慮事項について説明を行いました。ユカリさんは，卒業後も大学の小集団活動「ランチ・ラボ」に参加しています。有給休暇を取り，北陸線の電車に乗って富山まで行き，富山駅から大学までの道のりを散策しながら支援室に行っているそうです。趣味である電車の小旅行を楽しみに仕事を頑張るという生活の豊かさにも目を向けることができるようになりました。

　職場では懇親会にも参加できるようになり，仕事以外のつながりも楽しめるようになったといいます。

⑤　就労後の現況

　就労支援で何より大切なことは「企業のニーズ」を正しく理解し，当事者が受容しニーズに対して正しく成果を出すことであり，同時に企業側が従業員特性を正しく把握し能率的で正しい成果が出せるような配慮です。

　—天井知らずの職業能力—

　ユカリさんは富山大学との連携により，企業と支援者の相互協力と本人の自助努力もあり順調に勤務を遂行していきました。本来持っている認知能力の高さにより，与えられた仕事を完

壁にこなすユカリさんに対して，企業は，ユカリさんに障害特性があるという意識が薄くなり，「彼女の職業能力には天井がない（限りなく仕事の遂行能力がある）」，「企業が適切な支援を行ったことにより，彼女の新たな能力が開拓できた」という企業評価が生じた時期もありました。もちろん，合理的配慮に関する細やかな連携支援が功を奏し，ユカリさんが元来持っている優れた能力を発揮することができたということもありました。その他，ユカリさんはデータ管理をする中で，他の支店のデータとの比較をもとに，自社で取り組むべき課題を提案することができ，その点では大きな評価を受けることができました。その一方で，別の不安がユカリさんのなかで大きくなってきているのも事実でした。たとえば，仕事に慣れてくると，視界に入る別のことに関心が向いてしまい，簡単なミスを犯してしまうとか，廃棄するべき書類をため込んでしまう，あるいは，体調がすぐれないことを理由に休暇をとることができず無理をしてしまうなどがあり，そのことを会社に相談すると，それを理由に会社を辞めさせられるのではないかという不安が大きくなってしまうのでした。

　実際には，大学で行っているランチ・ラボに参加して相談したり，仕事帰りにリエゾンに立ち寄り，企業文化に対しての不安や理解しにくい出来事を相談したりしており，企業との連携会議ではユカリさんのそのような特性に関しても伝えていきました。高い能力を評価してもらい，すべてのことが当たり前にできるようになっていくと思われることが，ユカリさんの働くことを支えることにはつながらないのではないかと考えたからです。

　―日常的な容姿への気配り―

　定期的な連携支援会議の中で，少しずつ新たな課題が見えてきました。その一つが，日常的なマナーに関する認識のずれでした。企業からの相談で一番多かったことは，服装や清潔感に関することがらでした。同じ服を長く着用し，色あせや糸のほつれがあってもユカリさんは気にしません。同僚の職員から新しい洋服を買ってはどうかとの提案があっても購入しないというものでした。そこで，ユカリさんにはリエゾンに来所してもらい，職員の容姿（化粧や服装の清潔感等）も企業イメージやステータスに影響するものであり，人事評価に大きく影響するものであることを説明しました。また，「何を買ったらよいかわからない」という彼女と一緒に，支援者がアパレルショップに同行しファッションコーディネートすることもありました。

　―家族への心配―

　家庭でのできごとがユカリさんにとって何よりも大きな影響を及ぼしていました。両親のちょっとした口げんかが大きく心に残り，その日は朝から仕事に集中することができないと，昼休みに電話がかかってくることがありました。親が病院を受診したときは，結果が不安で仕事に手がつかないという日もありました。家族思いであることは素晴らしいことなのですが，いつまでも頼りになる元気な親像に頼っているわけにもいきません。自分が年齢を重ねて成熟していくことと並行して，親は少しずつ年老いていき，将来的には立場が逆転することも話題にしていく必要があります。すぐには解決しない家族の問題や命に関わることは，唯一の正しい解答があるわけではなく，納得できるという性質の話題ではありません。

　このような ASD の特性があるユカリさんには，わかりやすい伝え方があります。「ユカリさんの不安による混乱は，働くことへ多大な影響を及ぼし，その結果，評価は低下し，現実的な経済的基礎に影響を及ぼします。このことは両親の不安を煽るということにつながると思いませんか？」というように説明し，気持ちの安定を図っていきました。

　―新型コロナウイルス感染症の拡大に伴う不安―

　2020年春からの新型コロナウイルス感染症の拡大に伴う発達障害者の不安は，予想以上のものがありました。ユカリさんも「自分が感染してしまうのではないか」，「自分が感染して両親にうつしてしまったらどうしよう」という恐怖に近い感情を持ち，休日でも何度もメールや電話をしてくる状態でした。また，通勤時のバスが密状態になってしまい通勤不可能であると連絡してきたり，通勤時に汗が目に入ったから感染するのではないか，入浴時に髪が目に入ったので感染したのではないかと，強い不安を訴えてきたりすることがたびたびでした。新型コロナに対しての国の予防策が具体化していないことも許されないという怒りもぶつけてきました。その後，リモートワークとなり通勤がなくなっても，親に感染させたくないとの意識は依然として強い感じがします。

　ユカリさんは不安によって仕事が手につかず，「こんな状態では，会社での評価が下がってしまう。それが一番怖い」と話をしますが，その一方で「不安な気持ちは消えることはない」とも言います。支援者からは，感染に対しての神経質さは，言い換えれば，企業においてリスクマネージメントができる職員として評価されると説明し，ユカリさんの感染予防の意識は高いのだから，そこに意識を向けるよりも，業務の成果の質の維持・向上が大切であると説明しました。不安を否定するのではなく，職業人としての意識の高さであると肯定的な意味づけをした上で，実際の職務に目を向けることができるようにしていきました。

　ユカリさんの仕事の精度が下がったときには企業から連絡が入るようになっていますが，現在もユカリさんはリエゾンや大学支援者に相談し，気持ちを整えながら仕事をしており，現在まで仕事についての企業からのクレームはありません。

⑥今後の課題

　職場では与えられた仕事を完ぺきにこなしているユカリさんですが，今後気持ちが不安になったときに同僚や上司に悩みを相談できるよう，職場の支援者に相談するルートを作っています。大学支援者や就労移行支援事業所であるリエゾンでの支援には限界があります。仕事に関する配慮はされているのですが，職場の相談担当者との one-on-one ミーティングを定期的にしていただきながら，ナチュラルサポートを受け，企業で働けてこそ今後のキャリアアップになると考えます。

　―これからの障害者就労で考えること―

　新型コロナウイルス感染症の拡大により，企業において短時間雇用者の雇止めや離職が増加しています。これからの障害者の求職活動や，長期雇用にも大きな課題となってくると思いま

す。その反面，障害者雇用促進法における障害者雇用率は上がり続け，対象企業は，障害者雇用は引き続き継続することになると思いますが，今まで障害者の合理的配慮を担当してくれていたパート職員や，職場適応援助する援助者の解雇は，障害者の合理的配慮の質や量を減らすことになるような気がします。今後は，障害者雇用における合理的配慮を要請しつつも，障害者が自身の障害特性を理解し，対処法を知り，自助する能力を高める支援を教育・福祉で行わなくてはならないと考えます。

〈中山　肇〉

3．まとめ

　大学から企業へと就職することで環境が大きく変わり，学生の立場から社会人の立場になっていくプロセスをしっかり支えるためには，支援者間の情報の引き継ぎだけでなく，双方の支援者が協同し冗長的に関わることが，移行期の支援には必要であると考えています。

　また，障害者雇用枠の就職であれば，入社後，障害特性に対しては合理的配慮の提供が行われ，特性の強みを生かした仕事内容を期待されるので，安定したパフォーマンスを発揮できる環境から出発することができますが，一般雇用枠で就職した場合，会社には配慮を求めることはできません。このような状況が少なからずあるなか，大学支援スタッフによるフォローアップ支援では，企業に直接アプローチはできないけれども，会社員としての態度や同僚・上司との関係性等，卒業生の疑問に応える形で支援を継続することができます。

　富山大学では，2005年から発達障害のある学生を支援して15年目を迎え，このような学生や卒業生の成長を見るにつけ，社会全体で彼らを丁寧に支えていく支援の重要性を感じています。環境を整えていくことで，彼らの優れた能力が，社会に貢献できる能力へとつながっていくことは，実際に支援をしている者の大きな喜びとなっています。元来，真面目で何事にも一生懸命な特性を持っている彼らを，社会の財産として育てていきたいと強く思います。

＜エピソード＞

　ユカリさんの願いは，電車で旅行に行き，ホテルに泊まることです。「ホテル選びのコツは何ですか？」とユカリさんは尋ねます。休むことができないユカリさんでしたが，会社のWork-life balance（WLB）推進のため，休みを取る必要があったため，休日をどう過ごすかということに目が向き始めました。地域の交通と人々の暮らしに興味があり，電車の旅を楽しみながら，たくさんのデータで脳が満たされる喜びを感じているユカリさんです。

〈西村　優紀美〉

第10章

働くことを支える地域の仲間
——みやぎ青少年トータルサポートセンター　青年未来塾テイクオフプ
　ロジェクトプラン～自分のよさを活かし互いに高めあう新しい支援
　の試み 2019～

1．はじめに

　「一般社団法人　みやぎ青少年トータルサポートセンター」（以下，サポートセンター）は，
障害の有無にかかわらず，特別な支援を必要としている子どもたちや青年，その家族や支援者
の方たちに適切なサポートを行うことを目的として，2009年に任意団体として発足，2015年1
月に法人として設立されました。サポートセンターの活動内容の詳細を図10-1 に示します。
　筆者は，教育関係の支援や福祉のサポートを期待できなかった青少年，さらには，東日本大
震災の緊急支援の中で出会った青少年や家族と共に活動してきました。学校や社会にうまく適
応できずにいる青少年，及び発達障害のある青少年を中心に継続的な支援を行う中で，サポー
トセンターでの活動を希望する方々をメンバーに募り，現在に至っています。
　サポートセンターでは，参加する人々が互いに尊重し合い，認め合い，支え合う関係性を大
切にした学習支援活動を行い，それぞれの自立を目指した支援をていねいに行っています。取
り組みの内容は，①青少年のメンタルケア，②学習支援，③自立支援，④支援者育成の4分野
であり，支援事業を展開して 2021年で6年目を迎えました。図10-2 が組織図で，筆者は法人
設立時から顧問として関わり，「働く」を支える地域での仲間づくりを目指した自立支援を念
頭に，仲間と共に，実践から得られる経験知を積み上げてきました。

　現在，発達障害やそれに伴う二次的な障害，DV，ネグレクト，喪失体験，PTSD，その他さまざまな背景により，家庭生活，学校生活，社会生活の中で困難を抱えている子どもたち，青年たちが増えてきています。医療機関や相談機関で診断や判定を受けても，どのような道筋で回復できるのか，その年代の発達課題を達成し成長できるのか，さらには自分なりの自立の目標をどこに置けばよいのかわからずに苦しんでいる人に数多く出会ってきました。他者との関わりを通して実感できる自己存在感や共感的な理解を得られず，苦しみや不安をどう表現し

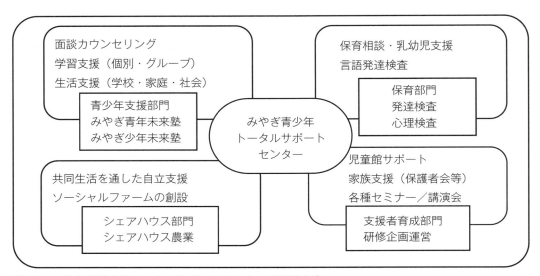

図10-1　みやぎ青少年トータルサポートセンターの活動内容

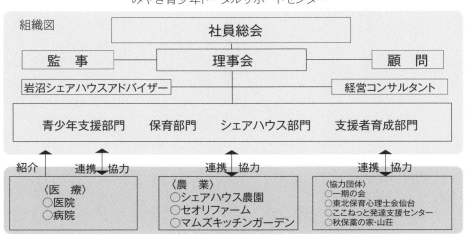

図10-2　みやぎ青少年トータルサポートセンター組織図

表10-1　テイクオフプロジェクトプラン①

		広げたいステージ：ルール⇒モラル⇒ライフ		高めたい力：適応力⇒調整力⇒創造力
2018	Ⅰ	社会自立の基盤を支える生活規範作り：マイルール	Ⅰ	自分のよさを活かす事のできる職場環境：環境適応力
2019	Ⅱ	生活意欲を高めるソーシャルスキル獲得：マイモラル	Ⅱ	働く意欲を高めるコミュニケーション力：対人調整力
2020	Ⅲ	生活の質を高める余暇活動と知的好奇心：マイライフ	Ⅲ	確かなスタートと見通しの持てるゴール：自己調整力
2021			Ⅳ	インクルーシブコミュニティ形成と創造：環境創造力

てよいかわからないまま苦しんでいる青少年が非常に多いことを実感しています。

　さらに，教育と子育ての現場で子どもたちの支援に携わっている保護者・保育者・教育者からの SOS も多く，一人ひとりの子どもたち，青年たちへの適切な理解と配慮について，もう一度検討し，より適切な支援の在り方に関して，これまでになかった新たな視点を加えて実践を重ねていく必要性があると考えています。特に，東日本大震災後は，障害の有無にかかわらず，さまざまな状況に身を置く子どもたちへの支援の必要性を強く感じています。昨今のさまざまな自然災害，新型コロナウイルス感染症等により，子どもから大人まで，先が見えない不安と恐怖に，心身ともにダメージを受ける出来事が増えています。このようなときは，だれもが無力感や絶望感に押しつぶされそうになりがちですが，この危機的状況の中にいて，どのような道筋で回復していくのか，どこに希望を見出して生きていくかを改めて考える必要があると思います。大切なことは，それぞれが自分自身の存在を肯定し，自分の良さを活かして前に進んでいく覚悟を持つことです。「私らしい生き方」を目指すための支援がますます必要になってきたと言えるのではないでしょうか。

　本章では，サポートセンター内の「みやぎ青年未来塾」と「シェアハウス岩沼」において，「自分のよさを知り互いに認め合い，自分のよさを活かして互いに高め合う関係性を構築し，自分のよさを活かした生活を目指す」という理念を掲げ，一人ひとりの命をまん中に置いた支援，そして，否定せず，強制せず，ていねいに向き合う支援を基本方針に行った 2 年目の実践を紹介したいと思います。「みやぎ青少年トータルサポートセンター　青年未来塾テイクオフプロジェクトプラン」は，表10-1 のように，2018年から 4 年計画で行っていますが，ここでは2019年に行った「Ⅱ：生活意欲を高めるソーシャルスキルの獲得：マイモラル」と「働く意欲を高めるコミュニケーション力：対人調整力」の報告をします。

２．みやぎ青年未来塾とシェアハウス岩沼について

（１）　みやぎ青年未来塾

１）　概要

　生活意欲を高める適応力・対人調整力・創造力の獲得と確立を目的として設立されました。対象は障害の有無にかかわらず，特別な支援を必要とする青少年です。

　月曜日から金曜日の毎日，対象者のカウンセリングやスキルトレーニング，学習支援，生活支援を行っています。必要に応じて，心理検査等のアセスメントを行い，結果に基づいた学修支援や自立支援を行っています。また，本人の良さが充分に活かされる高等学校，専門学校，大学への進学をサポートしています。

　そのほかに，「農業体験プログラム：マイモラルを意識したプログラム」として，①シェアハウス農園，②セオリファーム，③マムズキッチンガーデンでの栽培生産〜収穫出荷流通体験なども並行して行っています。また，「青年サロンプログラム」として，「哲学カフェ」を開催

写真10-1　ソーシャルファーム①

写真10-2　ソーシャルファーム②

写真10-3　ソーシャルファーム③

写真10-4　作物の販売

し，集いの場を持っています。この活動は，シェアハウス岩沼や秋保藁の家，藁の家山荘など，さまざまな自然環境の中で開催されるのが特徴で，参加者の安心安全が保障される居場所として機能しています。

　支援者支援として，指導に当たるスタッフの育成のためにケース会議を実施し，筆者がそのスーパーバイズを行っています。利用する青年の小さな変容を見逃さず，喜び合える仲間づくりの原点がここにあると考えています。

2）　重点項目

　参加者が互いに認め合うための環境づくりは大切です。そのための仕組みづくりとしては，次のような段階的プロセスを提示しています。
①自ら気付き考え判断して行動することを意識し，互いがよきモデルとなる
②実践活動にチャレンジする意欲を育み，社会的自立に向けた力を養う
③農作物の生産〜流通〜販売により収入を得られるようなシステム作りに挑戦する
④農業をベースにしたソーシャルファーム設立を仲間とともに目指す

（2）シェアハウス岩沼

1）　概要

　シェアハウス設立の目的は，仲間との生活を通して精神的自立・社会的自立・経済的自立を目指すことにあります。対象は，障害の有無にかかわらず，自立支援を必要とする当法人の会員です。スタッフは対象者の心理検査やカウンセリング等のアセスメントを行い，自立に向けた生活支援を行います。また，個々人の生活スタイルを作るための生活支援を行い，毎週1回，シェアハウス・ミーティングを行って，それぞれの活動の自己分析・自己評価を行います。

2）　重点項目

　参加者の自立に向け，次の4つの段階を示します。
①仲間・社会との関係性を育み，自分と向き合い仲間と向き合う（精神的自立）
②仲間とともに，生活地域の一員としての信頼関係を築いていく（社会的自立）
③農業に従事し，農作物の栽培出荷，販売の実践を通して収入を得る（経済的自立）
④エネルギーを回復する場としてシェアハウスの機能をより充実させる（総合自立）

写真10-5　シェアハウス哲学カフェ

写真10-6　シェアハウスのメンバー・スタッフ

写真10-7　シェアハウスでの打ち合わせ会

3．テイクオフプロジェクト（2019年度）計画と取り組みについて

　テイクオフプロジェクトは，図10-3・図10-4 に示す3つの指標「意思疎通」，「協調性」，「自己表現」を掲げ，3年かけて4つのステージを設定して取り組むプランです。

　1年目は，社会自立の基盤を支える生活規範作り：「マイルール」を意識したステージと，自分のよさを活かす事のできる職場環境：「環境適応力」の獲得をメインに取り組むステージに挑戦し，クリアすることができました。それを受けて2年目は，生活意欲を高めるソーシャルスキル獲得：「マイモラル」を意識したステージと，働く意欲を高めるコミュニケーション力：「対人調整力」の獲得を掲げ取り組みました。

(1)　意思疎通：自分のよさを知り，互いに認め合うことを通して，自己存在感を認識します。また，自分自身と向き合い，仕事と向き合い，仲間と向き合うことで，一緒に働く仲間との意思疎通を図ります。

(2)　協調性：共感的理解を基本に置き，お互いに否定することなく，強制することなく，ていねいに自分と関わり，仲間と関わり，地域の皆さんと関わることで，協調性を培います。

図10-3　テイクオフプロジェクト　3つの指標　　　図10-4　自立支援

表10-2　テイクオフプロジェクトプラン②
青年たちが社会適応していくために必要なキーワード

これまでの大切なステージ	これからの新しいステージ	新しいステージへのキーワード
自己存在感：否定しない	意思疎通とマイルール	自立支援の日常への対応
カウンセリング	適応性の理解	関係性を大切にした理解
共感的理解：強制しない	協調性とマイモラル	社会的ニーズへのベース
ティーチング	合理的な配慮	相互の理解と合意の形成
自己決定：ていねいに	自己表現とマイライフ	自立へのテイクオフプロセス
コーチング	具体的な支援	自己の創造と自己の解放

(3)　自己表現：自己決定をベースとして，自分のよさを活かし，互いに認め合うことを通して，積極的に自分の想いや願いを伝えることで自己表現力を育みます。

表10-2 は，これまでの大切なステージと，これからの新しいステージを示しました。

4．2019年度の取り組み

（1）Ⅰ期の計画　2019年4月〜6月　哲学カフェを中心に

　2年目にあたる 2019年のⅠ期は，2018年の「マイルール」と「環境適応力」のステージから「マイモラル」と「対人調整力」のステージへの移行を図るための3か月間として位置付け取り組みました（表10-3）。計画はメンバーの意見を中心に「自立支援の日常への対応」と「社会的なニーズへのベース」をキーワードに「マイルール」から「マイモラル」へ，「環境適応力」から「対人調整力」へとレベルをどのように高めて次のステージ（表10-2）に移行するのかをメインのテーマとして取り組みました。

　図10-5 の「自立支援の日常への対応」では，個を見つめ，お互いに関わり合う中で他者の価値を見つけ，メンバー一人ひとりが自分のよさを知り，互いに認め合うことに主眼を置いて活動することを意識して過ごしました。日々，一緒に活動する中で，「否定しない・強制しな

表10-3　Ⅰ期の計画

		4月	5月	6月
Ⅰ期	青少年部門 シェアハウス 新年度への引継ぎをていねいに	お花見カフェ：岩沼 哲学カフェ①：岩沼 ピザCafé出店 手巻寿司パーティー ミーティング	結Café：仙台市鶴谷 社員総会：幸町市民センター ピザCafé出店 コンサート＆バザー 社員総会コンサート	とっておきの音楽祭 ：仙台 哲学カフェ②：岩沼 農作物作付け：青唐辛子 発達心理検査セミナー 定禅寺仙台キリスト教会での未来塾コンサート

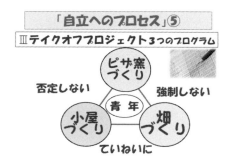

図10-5　自立支援の日常への対応　　　　図10-6　社会的ニーズへのベース

い・ていねいに」向き合うことは，一見簡単に見えるかもしれませんが，「否定され・強制され・配慮の欠けた」扱いをされてきた青年たちにとっては，治癒的であり，肯定的に受け止められているという実感を得るための貴重な体験となっています。

　図10-6 の「社会的ニーズへのベース」では，自分自身あるいは仲間に対して，良さの観点での振り返りを行ってもらいました。キーワードは「驚き」，「感動」，「発見」の３つです。振り返りで行うスピーチの際に，このキーワードを念頭に表現できるようになることを目指しました。メンバー同士，またはメンバーと支援者が一緒に驚き，感動したこと，そして，新たに発見したことをスピーチで伝えます。お互いが，お互いの良きモデルとなり，少しずつ３つのキーワードで語るスタイルが定着していきました。

　メンバーの語りを紹介しましょう。
―やったことのない作業がたくさんあり，上手くいくのか不安な日もありましたが，自分のペースで少しずつ慣れていくことで，感じていた不安は，いつの間にか払拭することができました。
―畑づくりや小屋づくりで，どんどん新しい作業を覚えていくのを楽しみながら，がんばれるようになりました。
―小屋づくりの副担当として参加していました。作業を任されるような立場だったので，プロ

の職人さんにたくさんのことを教えていただ
きました。たとえば，丸鋸の切断では「エル
アングル」という道具を使って真っすぐ切る
作業をしました。木材を加工する機械がとて
も大きく，インパクトドライバーなども初め
て使って小屋を建てました。作ろうと思えば，
何でも作れると思いました。余った木材で自
分用の本棚やスタンディングデスク（立って
勉強する机）も作りました。「靴の紐結びの
ような微細運動が苦手だったのに！」と母も
感動してくれました。

写真10-8　余った木材で本棚を製作中

（2）Ⅱ期の計画　2019年7月～9月　哲学カフェを中心に②

　Ⅱ期は，「マイモラル」と「対人調整力」（表10-2）のステージに向けて，安定した自立に向
けたテイクオフのための3か月として取り組みました（表10-4）。計画は，図10-7 の「自立へ

表10-4　Ⅱ期の計画

		7月	8月	9月
Ⅱ期	青少年部門 シェアハウス 収支のバランス プライバシーの確立	哲学カフェ③ 青唐辛子の作付け 小屋づくり：設計① 夏期学習セミナー メディアセミナー東京 小屋づくり準備委員会①	東北お祭りツアー 音楽発表会／夏キャンプ 青唐辛子の収穫・納入 小屋づくり：設計② 言語保育セラピスト養成 講座 小屋づくり準備委員会②	哲学カフェ④女子会 青唐辛子の収穫・納入 小屋づくり：資材準備 鶴谷ふれあい祭り 登米こどもまつり 夏キャンプ報告会 小屋づくり準備委員会③

図10-7　自立へのプロセス①

図10-8　自立へのプロセス②

のプロセス①」に掲げた3つのキーワード「カウンセリング」，「ティーチング」，「コーチング」を軸にして，図10-8に示した「自立へのプロセス②」に示したそれぞれの場所でセッションが行われました。一人の利用者がここに挙げた複数の場面で重なり合うようにプログラムを受けることで，不安感が安定感・安心感へと変わり，世の中や周囲の人々，さらには自分自身への期待感へと変容し，自ら動き出すことを可能にしていきました。自ら動き出すことは，本人にとって大きな決意が必要なことかもしれませんが，仲間と一緒に協力し励まし合いながら目的を達成することによって，良い結果が生まれ，共に達成感を味わうという体験ができます。

「自立に向けたテイクオフ対応」では，メンバーとの意思疎通を図りながら，気づき，考え，判断し，行動に移すことができることを互いに意識した3か月を過ごすことができました。

カウンセリングでは，利用者のメンタルケアとストレスマネージメントを中心に個別面談が行われるとともに，それぞれの個別ニーズに対応したカウンセリングを，サポートセンタースタッフと心理士が行いました。次の段階であるティーチングは，主にみやぎ青年未来塾が主催するイベントや，さまざまな企画プログラムに関わる活動の中で行いました。メンバー一人ひとりが主体的に役割を遂行したり，仲間の困りごとに対して対応策を考え実行したり，時にはスタッフが指導的に関わりながらも，自分たちの力で解決していくことに主眼を置いていきました。自立へのプロセス②の最後はコーチングです。シェアハウス岩沼で開催する「哲学カフェ」で，テーマに向かって思索し，考えを交換し合いながら，自分と向き合い仲間と向き合う時間を持ちます。カウンセリングを受け，ティーチングの場で身体を動かし成功体験を積み上げているので，メンバーの気持ちは未来に向かうことができています。ようやく，社会参加することや仕事に向き合う素地ができてきた実感を持つことができるようになってきました。

メンバーの語りを紹介しましょう。

—最近のシェアハウスでの朝は，ご飯をたくさん炊いて，みんなで食べる昼食用のおにぎりを作ることが日課になっています。

—疲れの残る忙しい日々が続いていますが，自分で決めたやるべきことがあればその時間に合わせて，自分の時間を調整することができるので，時間のコントロールは，メンバーそれぞれが上手くいっているように感じます。

—日常の楽しみを見つけることに挑戦しています。一日のすべてを自由に使えるということは，けっこうつらく感じるときがあります。自分にとって，今大事なのは受験勉強なのですが，一日中勉強していると，うまくいかないこともあり，マイナスな気持ちになってしまうこともあります。自分で時間をアレンジして，自分の楽しみを作り，「遊ぶ・食べる・学ぶ」をうまく組み合わせて，自分のメンタルをコントロールすることが生活面では大切だということに気づくことができました。

（3）Ⅲ期の計画　2019年10月～12月　小屋づくりを中心に①

　Ⅲ期は，「自己理解」と「アセスメント」を念頭に，自立に向けた取り組みとしての３か月としました（表10-5）。「自立へのプロセス③」（図10-9）では，一人ひとりのこれまでの人生を一つの物語としてなぞる「自己存在感」への意識を育て，次に，一人の物語に対して周囲の人々が「私」として感じる「共感的理解」の段階を経て，二者間で「わたし」を共有しながら主体性をもって考える「自己決定」の段階へと進みます。「マイモラル」は，このようなプロセスを経て，適応的な自己を形成するものとなっていきます。

　「自立へのプロセス④」（図10-10）では，自らの存在を決定づけると思っていたさまざまな背景や環境を受け止め，誰かに責任を押し付けたり，否定したりするのではなく，「今，ここから，この仲間で」を出発点とする自分の人生を歩むことを目標にします。自分自身の「物語」を大切にし，仲間の「物語」を大切にすることが前提です。これからの「私たちの物語」を形作っていく出発点となっています。

　Ⅱ期から準備を重ねてきた「小屋作りプログラム」は，Ⅲ期から建設が始まりました。予算書の作成からスタートし，集めた資料を基に資材の買い出しのリストづくり，そしてプロの方たちの指導のもと，小屋を建設していくための設計図と作業工程表，作業日程表を作りました。さらに，サポートセンターの仲間にも声がけし，みんなで一緒に取り組んでいくことにしたと

表10-5　Ⅲ期の計画

		10月	11月	12月
Ⅲ期	青少年部門 シェアハウス 活動の拡大 活動の充実	哲学カフェ⑤秋保藁の家 青唐辛子の収穫・納入 小屋づくり：土地整備 秋保ゆめの森祭り ピザCafé出店 小屋づくり実行委員会④	収穫祭：シェアハウス 青唐辛子の収穫終了 小屋づくり：基礎①～③ 乳幼児メディアアドバイ ザー養成講座こども病院 小屋づくり実行委員会⑤	勉強合宿：宮城県青年会館 忘年会：ホテル壮観 スキー合宿：安比高原 フットサル：ゼビオ長町 小屋づくり資材加工 小屋づくり実行委員会⑥

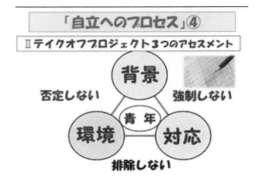

図10-9　自立へのプロセス③　　　　　　　　図10-10　自立へのプロセス④

ころ，多くの子どもたちや家族の協力を得ることができました。

　小屋づくりはいくつもの作業工程があり，自分一人の力でできることは非常に少なく，必然的に「協力」とか，「自分の都合よりも，みんなの都合を優先する」ことが求められます。作業内容に自分を合わせることも徐々にできるようになり，丸鋸やインパクトドライバーなどの道具が上手く使えるようになっていきました。

　メンバーの語りを紹介しましょう。

―作業を進めていくにあたって，マイモラルがどのくらいまでこの作業プログラムの活動の中で通用するのかがとても興味深いです。

―小屋づくりは一日がかりで連続5日間かかるのですが，忙しいときに自分の時間をどう作るかを考えることができました。時間のコントロールをすることが自分の中での一つの価値観となっていきました。自分なりに落ち着く時間を作るなど，時間の調整を自分ですることができるようになってきました。たとえば，つらくなったとき，まったく参加しないというのではなく，その中でも参加できることを見つけるようになりました。プロジェクトの中で仕事をしながらも，折り合いをつけて自分の時間を作り，立ち直ることができるようになってきました。

　つい最近，知り合いがやっているカフェにてスタッフの都合が悪くなったとのことで，急遽，カフェのお手伝いを頼まれました。自分のスケジュールがあったのですが，それを取りやめて一日中カフェで仕事をしました。初めての場所で，何をするかは行ってから自分なりに臨機応変に対応しなければならなかったので，時間と気持ちのコントロールに苦慮した一日でした。0か100かという考え方で苦しい状況になる場合もありますが，気持ちと折り合いをつけていけるようになっていると思います。

（4）Ⅳ期の計画　2020年1月〜3月　小屋づくりを中心に②

　Ⅳ期は，マイモラル生成のために，図10-3で表した「テイクオフプロジェクト3つの指標」と「働く意欲を高めるコミュニケーションに必要な対人調整力」の段階とし，自立に向けたテイクオフのための3か月として取り組みました（表10-6）。計画は，メンバーとの話し合いを中心に「自立へのプロセス⑤」（図10-11）の小屋づくりの実践プログラムと「自立へのプロセス⑥」（図10-12）に示した3つのキーワード「笑顔・言葉・気遣い」を大切に，互いの良さを認め合い活動することを常に意識しながら最終段階に歩みを進めていきました。

　小屋づくりのプログラムは，基本的に活動は継続します。職人さんに教えてもらい，メンバーの意見を取り入れながら，一つひとつを完成させていく作業は，目に見えて完成度がわかることもあって，非常にスムーズかつ穏やかに進めていくことができました。他にも，WOW（Women of the world：2021年の9月に行われるアカペラコーラスのワールドツアーコンサート）にメンバーが合唱隊として参加したり，哲学カフェも定期開催し，勉強合宿やスキー合宿

など，さまざまなイベントの計画立案にかかわったり，メンバーが自分で選択した活動において一人ひとりが自由と責任を実感することができてきました。さらに，それぞれが持っている情報をお互いに交換し，実行する前に，ていねいに自分の行動のスタートとゴールの確認をする機会が増えてきました。

メンバーの声を紹介しましょう。

―私は，行動を起こそうとするたびに，これでいいのかどうか悩んだり，不安になったりすることが多々ありましたが，今回の小屋づくりのプログラムでは，不安な気持ちも行動を重ねていくたびに自信へとつながることがあるということを感じました。これからも，自分のやるべき事を一つ一つていねいに，自分のできることをできる限り頑張っていこうと思います。

表10-6　Ⅳ期の計画

		1 月	2 月	3 月
Ⅳ期	青少年部門 シェアハウス WOW Women of the world 合唱隊参加 実行委員	小屋建設①設計〜資材購入〜加工 新年の抱負と決意表明 WOW練習会：合唱練習 子どもとメディア全国フォーラム：東京医師会館 小屋づくり実行委員会⑦	シェアハウス哲学カフェ⑥ 小屋づくり建設② 登米市保育所訪問 中田保育所／豊里保育所 石越保育所／米山保育所 小屋づくり実行委員会⑧	まとめ：幸町センター 国際交流：広島大学大学院 農業と地域再生の研修 小屋づくり：建設③ 2019年度の成果 2019年度の課題 小屋づくり実行委員会⑨

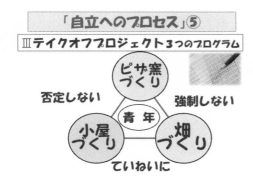

図10-11　自立へのプロセス⑤　　　　　　　　図10-12　自立へのプロセス⑥

写真10-9　小屋づくり①

写真10-10　小屋づくり②

写真10-11　小屋づくり③

写真10-12　小屋づくり④

写真10-13　小屋づくり⑤

5．テイクオフプロジェクト（2019年度）の取り組みの成果と課題

（1）　みやぎ青年未来塾

1）　会員数29名（2018年度会員数21名）

2）　事業状況

表10-7　テイクオフプロジェクト　事業内容

	支援事業名	実施形態	利用者数累計
①	農業体験プログラム	毎週火曜，金曜日　シェアハウス農業	2名～6名
②	シェアハウス宿泊体験	9月～2月小屋づくり　ピザ窯　ピザ小屋	3名～10名
③	哲学カフェ	隔月年間6回の実施　マイモラルと自己調整力	15名～20名
④	ATMルーム	各曜日10：30～14：30　学びの支援	3名～8名
⑤	面談カウンセリング	各曜日10：00～19：00　メンタルケア	15名
⑥	心理検査	家族，支援者参加型公開検査	3名
⑦	宿泊セミナー	夏キャンプ／忘年会／勉強合宿／スキー合宿	12名～23名

3）　主な成果と今後の課題

○農業体験プログラムについては，農機具の使い方，種まき，収穫，出荷を一通り経験し，参加者それぞれに技術向上がみられ，協力して作業することができました。

○農作物の生産・流通・販売を通して農業をベースに，ソーシャルファーム（仕事の創造）の実践を目指し，経済的自立につながる活動へとレベルアップを実感することができました。

○シェアハウス岩沼での宿泊体験については，「テイクオフプロジェクト」によるピザ窯づくりと小屋づくりを行ったことで宿泊利用者が増え，共同生活を通して仲間同士の関係性をより深めることができました。

○小屋づくり実行委員会では，自分たちで実施するという責任感が，共同生活をよりよいものにしようという目的意識の高まりを生み，自立への後押しをしてくれました。

○自分と向き合い，仲間と向き合い，話し合いの場を共有することで，自分自身の意見を持ち，それを表明することができるようになり，社会的自立の基礎を育むことができました。

　今後の課題ですが，働くこと，学ぶことの要素が含まれる「テイクオフプロジェクト」の活動を分析し，宿泊体験プログラムや農業体験プログラムの充実を図っていく必要性があると思われます。

　メンバーの語りを紹介しましょう

―「マイモラル」から「マイライフ」へのステージでの活動を終えて，シェアハウスメンバー

が中心となり，ピザ窯づくり，小屋づくりに挑戦することで，共に自分たちで気づき，考え，判断し，行動することができました。

—その結果，マイルールと環境適応力のステージから，マイモラルと対人調整力のステージへのレベルアップを成し遂げることができました。

　この振り返りは，2年目に掲げた取り組みの目標を達成することができたものと捉えることができます。そして，確実にさらなる取り組みへの土台の積み重ねが達成しつつあると実感することができました。

（2）　岩沼シェアハウス

1）　入居者数　5名（2018年度入居者数1名）
2）　事業状況

表10-8　岩沼シェアハウス　事業内容

	支援事業名	実施形態	利用者数累計
①	ミーティング	毎週水曜日　シェアハウスにて	6名～8名
②	農作業	岩沼シェアハウス敷地内	3名～10名
③	シェアハウス整備	家周りの環境整備／リフォーム作業	6名～10名
④	ピザ窯づくり・小屋づくり	青少年有志メンバーと共に製作（9月～）	6名～10名
⑤	地域交流	お花見カフェ（4月）／収穫祭（11月）／班長活動	5名～30名

3）　主な成果と今後の課題
○農業アドバイザーの指導の下，青唐辛子の収穫と出荷を行い，収入を得ることができました。この収入を得るという経験は，経済的自立への足掛かりと自信につながりました。
○自分たちで作物を栽培し，出荷するラインの構築を，岩沼の産直市場と食材加工食品会社の二社を通して，リアルタイムで体験することができました。
○地区の活動に参加し，2019年度は町内会7班班長としての役割を担い，地域の集会への参加，側溝消毒，道路の美化活動などすべての活動に参加し，地域の方たちとの交流の範囲を広げることができました。
○誠実に農作業に取り組む姿や，シェアハウス周辺をきれいにする姿を通して，地域の方々からの信頼を得，お花見会や収穫祭にご近所の方たちの参加がありました。
　今後の課題として，ピザ窯及びピザ小屋の活用については，コロナ感染の予防をしっかり整えて活用できるような企画を，季節や行事ごとに考案し実行するなどして，さらなる活動の充実を図っていきたいと考えています。

シェアハウスのメンバーの語りを紹介しましょう。

―自分にとっては，心から楽しめたプロジェクトだったと思います。そして，"楽しむ"とはどういうことかという感覚を掴むことのできた一年でした。それが今回のテイクオフプロジェクトだったと思います。

―新年度に向けて4月のお花見会を目指して，しっかりと準備に取り組み，自分のすべき事，自動車運転免許取得の勉強や次年度の青唐辛子栽培に向けた竹の支柱作り等，2020年も頑張っていきたいです。

―来年度の受験のための勉強を進めていきたい。英語のリスニングの勉強を，アメリカの友人からリモートで習っています。スピード感が大切だと教えてもらい，時間があれば，ネイティブの英語を聞くようにしています。

―シェアハウスの生活を写真に撮っているのですが，今後は，メンバーに一か月を区切りでアルバムを共有し，みんなで見ることができるようにしたいと思っています。この写真を使って，シェアハウスのことを世の中に発信し，私たちの取り組みを紹介していきたいのです。青少年未来塾に通っている仲間，そして自立を目指そうとしている仲間に向けて発信したいと思い，企画しています。これまでも文章だけで発信していたのですが，そこに視覚的なものを取りこんで，仲間が興味を持ってくれるような発信をしていきたいと思っています。

　4年目に掲げた「環境創造力」を想定した次のステージを意識してのポジティブな振り返りの言葉を聞くことができました。

6. まとめにかえて

　取り組み2年目にして，自分のよさを活かし，お互いに高め合う新しい自立支援の試みを通して，テイクオフプロジェクトの達成に必要な8つのポイントを明らかにすることができました。

　①プロジェクトプランの位置づけと役割を明確にし，関係者間で目標を共有する。

　②プロジェクトメンバーを募り，準備期間をとって話し合いを重ねて実施計画する。

　③プロジェクトプランを完成させるまでに必要な全作業行程と具体的な目標を明確にする。

　④プログラムの実施にあたって，作業責任担当と予算執行等の役割を明確に示し，分担する。

　⑤プログラムに基づき，各予算の分配とスケジュール

写真10-14　自力で製作した本棚

の具体的な予定・工程表を作成する。

　⑥プロジェクトを効果的に推進し，機能させるための高いパフォーマンスの研修を重ねる。

　⑦プロジェクト関係者間で，プロジェクト遂行上の変更等のリスク対策を考えておく。

　⑧青年たちが自分と向き合うためのキーワード（表10-9）を用いて，自立の環境を整えていく。

表10-9　青年が自分と向き合い，自立していくために必要なキーワード

青年たちが自分と向き合い自立していくために必要なキーワード一覧

ていねいに ⇒	自己存在感 ⇒	共感的理解 ⇒	自己決定 ⇒	自立創造
気づく	決して否定しない	サインを受け止める	一緒に	マイルール
考える	感覚的な思考と論理的な思考	同じ考え違う考え	積み重ねる高める	マイモラル
判断する相談する	深める広げる	確かめる表現する	比べてみる	マイライフ
決断する	自分との折り合い	周囲との折り合い	自信を持つ	環境適応力
実行する	あせらず	あわてず	あきらめず	対人調整力
振り返る	自分のよさ	互いに認め合う	よさを活かす	自己調整力
⇓	⇓	⇓	⇓	⇓
自立のために	意思疎通	協調性	自己表現	自己解放

　新しい支援の試みの「テイクオフプロジェクトプラン」は，2年目の「マイモラルと対人調整力2019」から，3年目の「マイライフと自己解放2020」に向けて前進します。さらに4年目の「自己解放と自立創造2021」へと新しい試みは続きます。表10-9に記した「青年たちが自分と向き合い自立していくために必要なキーワード」によってこの後も進化を重ね，自分のよさを活かし，拡げ，高め，そして深めていくことができるように青年たちと共に自立創造をゴールにプロジェクトを進めていきたいと思います。

〈佐藤　秀明〉

第11章

発達障害のある学生・卒業生と
その家族の語り

　これまで多くの学生を支援し，卒業生は社会参入を果たしていきました。学生と支援者の対話は，彼らの中に「自己物語」を生み出す作業でもありました。家族もまた，家族としてのそれぞれの「自己物語」を描きました。

　ここにほんの一部の方ではありますが，それぞれの「自己物語」を紹介します。

　なお，登場する人物はすべて仮名であり，エピソードは個人が特定できないように，修正されています。またエピソードの掲載に関しての了解は得られています。

〈西村優紀美・日下部貴史〉

ミサキさんの自己物語

　私は，一浪して富山大学に入学しました。これから，私の体験談をお伝えしたいと思います。みなさんのお役にたてるとうれしいです。

《中学生のとき，高校入試対策》

　中学校は，とにかく提出物が多く，スケジュール通りになかなか進められずに苦労しました。社会は得意でしたが，数学と国語は苦手でした。数学が苦手だったので，数学の点数を伸ばすことが大変でした。公式が理解できない……何を当てはめればよいのか分からない……公式がどういう考えで組み立ててあって，どう使えばよいのか……公式を作った人の意図を考えてしまい，つまずいてしまいました。先生からは，考えすぎだよと言われました。

　国語に関しては，読解が苦手でしたが，母が「答えは絶対に文章の中にあるから」と，いつも言っていたので，できるだけ文章の中で答えを探すようにしました。問題文に引かれている線の前を探すようにして，その文を先に読んでおくと，楽に解けるようになりました。

　得意科目は社会で，大好きなのですが，課題に熱中しすぎてしまい，他の教科がおろそかになってしまったことがありました。好きすぎて，ペース配分がなかなかうまくできず，社会の点数は良かったのですが，そのため，ほかの教科の点数がますます悪くなってしまいました。

《高校入試対策》

　数学，国語，英語については，配点が高い問題からとりかかり，全体を解いていくようにしました。特に，数学は出題頻度も高かった連立方程式を確実に，国語は比較的得意でもあった作文から解くようにしました。また，英語は苦手な分野に集中して取り組み，理科は問題集の単元ごとに，ほとんどしらみつぶしにやりました。

《高校での勉強方法》

　高校での勉強方法ですが，予習・復習の課題があり，午前2時になることもあって，時間切れで諦めることがありました。予習・復習を通して身についた部分はもちろんありますが，量が多すぎました。私は完璧主義者で0か100かというやり方だったので，友だちのようにうまく手を抜いたり，重点的にしっかりやる部分を持ったりすることができませんでした。量が多すぎて，対策を考える暇もなく，適度なバランスをとることが難しかったです。

《大学進路選択のポイント》

　私は，「自分の好きなこと」で大学を選びました。最初は社会系と音楽系，美術系，教育系で迷いましたが，自分は県内の大学へ行きたかったということもあり，最終的に美術系へ絞って行きました。

　自分が今好きなことと，大学でやることが全部同じというわけではないので，ネットでたくさん調べました。そして，オープンキャンパスに行って金属工芸の作品を作る授業があり，とても楽しかったことが決め手となりました。周りが気にならないほどに熱中し，「私はモノづくりが好きなんだ」と，気がつきました。実際，小学校のころから美術系が好きで，点数も高かったように思います。

《浪人時代》

　浪人時代は本当につらかったです。自分が浪人だという現状を受け止めるのが苦しく，合格するまでは受け止められませんでした。画塾にも通っていましたが，だいたいデッサン68枚から80枚くらいで合格していく人を見てきました。私は浪人して受かるまでに206枚かかりました。私は目に見える数字で人の2倍くらいかかったのです。

　絵がうまくなるために，頑張ったことですが，先生からはクロッキー帳を埋めてくるように言われ，とにかく描き続けました。クロッキーにラフ画で500枚以上書きました。人より時間がかかると思っても，あきらめたらおしまいですし，結果は必ずついてくるとは言えませんが，206枚がなければ今の自分はいないので，人の倍時間がかかっても，やりとげたら道が見える

と思います。

浪人時代を振り返って思うことですが，中学生や高校生のみなさんには，自分が真剣であれば前に進めるということを言いたいです。他の人と自分は違うからこそ，あきらめない力をほかの人よりもっと強く持たないと，物は成就しないと思っています。

《大学生活》

好きなことをやっているのは，すごく楽しいです。好きなことであれば，レポートが出ても，どうやって論旨をまとめていこうかなとアイディアが思いつき，思うようにアイディアがでなくても次々と書けます。また，大学は高校と違って，他の人と違う時間を持てます。逆に，他の人にあわせてばかりいてはいけないと感じています。友だちに流されちゃいけないということですね。

高校と大学の違いですが，自分一人の時間が増えました。図書館でボーっとしたり，保健管理センターのマッサージチェアでゆっくりしたりしています。ボーっとする時間は本当に増えました。発達障害のある人は，体調管理の一つとしても，ボーっとする時間を意識的にとらないといけないと感じます。

《自分の障害について》

中学校のときに母から聞き，そのときは泣きました。しかし，他の人とは違う理由がわかってほっとしたのも事実です。小学校，中学校のときは先生が「みんな我慢しているんだから！ なんであなたはそうなの？」と言われることがつらく，みんなと違うことを診断名として与えられて知り，理由が分かってすっきりした部分がありました。まわりの学生も個性的なメンバーばかりなので，自分が特別違っていると感じる場面が少なかったです。

《自分自身の特性について》

私の苦手なことは，スケジュール管理です。昔よりはできるようになったと感じています。グーグルカレンダーを活用して家族でスジュール管理しています。それと，忘れ物をしてしまうことが多く，何かに集中すると，何か一つ忘れてしまうことがよくあります。

一方，私の強みは，好きなことにのめりこんだら誰にも負けません！ 能力，集中力，やるとなったときの強さはあります。また，得意なことは教えることができます。いろんな種類の失敗をすべてやってきたので，他の人の失敗に対して対処法を教えることができます。経験してきたことを伝えることができるのは強みだと感じています。

《支援者から—日下部貴史》

ミサキさんは，大学では合理的配慮を申請する必要なく無事に4年間の大学生活を送り，優秀な成績で卒業しました。支援者との個別面談は定期的に行い，ミサキさんのあふれんばかりの思いや挑戦したいことを聞いていきました。スケジュール管理が中心の支援でしたが，何でもやりたい気持ちと，現実的な大学生活との折り合いをどのようにつけていくかが課題となっていました。たくさんのことに興味を持ち，すべてやりたいミサキさんにとって，するべきことの取捨選択は，とても難しいことのようでした。しかしながら，スケジュール管理をするこ

とによって良い結果が得られる体験をし，自ら取捨選択することができるようになっていった姿を見ると，定期面談による支援の意義を感じずにはいられません。問題への対処法だけを扱うのではなく，一週間をサイクルとする日常の中で，良かったことは一緒に喜び，困ったことには一緒に対処法を考え解決していくという支援の在り方が，彼らの行動を変容させ，自己理解を深めていくのだと思いました。

　本人の希望により，就職した後も2～3か月に一度程度の面談は続けています。

アスカさんの自己物語

　私は富山大学の理系学部を卒業したアスカです。現在，建設系メーカーに就職して8年目になります。趣味は銭湯めぐりと料理です。得意なことは数的処理で，就職も得意分野を活かしたところを選びました。

《学生生活》

　大学1年生のときは比較的順調に単位を取得していきました。サークルはオリエンテーリング部に所属していました。大学2年生のときは，アルバイトとして塾の講師をしていました。数学が得意だったので，自分の得意なことをアルバイトとして活かすことができました。

　大学では，このころから実験が始まりました。座学での勉強ではなく，実際に共同で実験を進めていく授業になって，いくつかの困りごとが出てきました。一つは，複数の人とのコミュニケーションの場で情報処理が追いつかず，頭ではすることがわかっていても，身体が動かなくなることがありました。また，手先の不器用さが露呈し，実験で支障が出てきました。以前からなにかしらの違和感はあったものの，それほど明確な問題にはならなかったのですが，3年生になったあたりからこの違和感は，自分の中で大きくなっていきました。

　3年生のときに病院を受診し，発達障害の診断を受けました。大学内に発達障害のある学生への支援室があることを知っていたので，支援室に相談し，主に就職活動支援を受けることになりました。

《就職活動》

　就職活動は，まずは一般雇用枠で開始しました。他の学生と同じように，リクナビとマイナビに登録し，企業説明会にも参加しました。採用試験は数十社受け，その中で最終面接までたどり着いたのが二社でしたが，卒業までに内定には至りませんでした。面接で言葉に詰まってしまうことが，採用に至らなかった要因ではないかと思います。

　卒業の段階で，親や支援室に相談し，精神障害者福祉手帳を取得し，障害者雇用枠での就職を検討することになりました。卒業した一年目に，精神障害者福祉手帳2級を取得し，ハローワークと大学支援室の両方の支援を受けながら就職活動を開始しました。この間，職業訓練校に通い，マイクロソフトオフィススペシャリスト（MOS）の資格を取得しました。また，独

学で簿記2級・3級を取得しました。

　採用書類の自己PRや面接練習は大学の支援室で相談し，障害者雇用枠で数社採用試験を受け，結果的に建設系メーカー（開発設計）に採用が決定しました。

《就職後》

　雇用形態は障害者雇用枠（正社員）で，フルタイム勤務です。会社に配慮してもらっていることは，①発達障害に関する基礎的な知識・理解，②必要な情報は口頭に加え，メールや紙で可視化してもらう，③メールの見出しの工夫，④電話対応は最小限にしてもらう，などです。仕事内容は，開発設計で，ソフト関連のメンテナンスを，4人チームで行っています。私にとっての困ったときの相談場所は，職場の上司と大学支援室の日下部先生，そして病院の主治医です。

《仕事のやりがい》

　データ入力は私の得意な分野ですし，自分なりに上達できていることを実感しています。それを，上司や同僚に褒めてもらえたときに，この仕事についてよかったと思えます。また，自分で考えたシステムや提案が採用されることもあり，そんなときは会社の役に立っていることを実感します。

　働いた報酬は，自分の好きな物を買ったり，家族や友人と旅行や食事に行ったりするときに使います。また働いて貯めたお金で，自分の車を購入しました。

《休日の過ごし方》

　休日は会社内のテニスサークルに参加しています。また，銭湯が好きなので，気に入った銭湯や温泉に行き，癒やされています。富山県は良い泉質の温泉がたくさんあるので温泉巡りはとても楽しいです。日頃の疲れをとるために整体マッサージに行くこともあります。発達障害当事者会に参加し，メンバーと食事やスポーツを楽しむこともあります。

　ふるさと納税に申し込み，ご当地の特産品を家族で楽しんでいます。

イラスト11-1　自費で購入した愛車

写真11-1　ふるさと納税で申込み，届いた特産品①

写真11-2　ふるさと納税で申込み，届いた特産品②

《当事者の方へのメッセージ》

　私の経験から，当事者の皆さんに伝えたいことがあります。

・就職活動で困ったときは，一人で悩まず親や支援者など周りの人に相談しましょう。

・就職活動には，一般雇用・障害者雇用等，さまざまな働き方がありますが，それぞれのメリットとデメリットを見ながら，どちらが自分に合うかを考え，後悔しないように自己選択してほしいです。

・自分で身体と心をリフレッシュする時間を設けてほしいです。

・働く中で，将来的にキャリアアップを考えるタイミングがあるかもしれないので，支援者に正直に相談しましょう。

《支援者から―日下部貴史―》

　2020年現在，アスカさんは，就職して8年目に入りますが，責任ある仕事も任され充実した社会生活を送っています。同時に，今後についても，新たなキャリアアップ（転職）も視野に入れながら，引き続き，月に一度，大学の支援室でフォローアップ面談（定着支援）を受けています。日本LD学会や日本学生支援機構のセミナーでもご自身の体験を語ってくれました。丁寧に自分の思いを語る姿は，聴講者の心に響き，多くの方からの励ましの言葉や感謝の言葉を受け，緊張感が一気に充実感に変わっていったように思います。（支援の実際は，第8章5.を参照）

ユカリさん（卒業生）の自己物語

　大学入学後，保健管理センターの看護師さんに時々話を聞いてもらっていました。二年生になって，実験実習でグループワークがあり，過去の嫌な体験を思い出し，つらくなってしまいました。大学には支援室があると紹介され，西村先生に定期面談をしていただきました。

《大学入学前》

　小学校のころから決まっていることが突然変更されたりすると戸惑ってしまったり，グループ活動が苦手でパニックになってしまったりすることがあり，授業を受けられなくなることがありました。「好きな人とグループを作ってください」と先生に言われたとき，私一人がどのグループにも入ることができず，先生から「ユカリさんも入れてあげてね」といわれて，無理やりグループに入れてもらっていたのですが，そのときに，私が加わったことでみんなは楽しくないかもしれないと思い，申し訳ないという気持ちになってしまい，いたたまれずに教室を飛び出してしまいました。

　教室を出て，しばらく一人でいると落ち着くことが多かったです。また，担任やスクールカウンセラーに話を聞いてもらうと，気持ちが落ち着いてくることもありました。

　理系科目が得意なので，大学受験は理系学部を受験することにしました。勉強はまじめに取り組んでいたと思います。むしろ，いい加減にすることができず，時間がかかっても理解する

まで取り組んでいました。

　趣味は電車に関するさまざまなデータを収集することです。毎月発行されていた時刻表は必ず手に入れて，ダイヤ改正があったか，臨時列車があったか等，詳しく調べるのが好きでした。年々，過疎化が進み，電車の本数が減ったり，廃線になったりする地域があると，それに連動してバス路線はどうなっているかを調べます。公共交通網の変化が，その地域の人々の生活環境にどのような影響を及ぼしているかということに関心があります。でも，女性で電車に興味があるというと，「鉄子ちゃん」とからかわれることが嫌で，こんな趣味を持っている自分が恥ずかしいと思い，電車のことは誰にも話しませんでした。

《大学生活》

　大学では，授業は順調に単位を取ることができましたが，2年生になったとき，実験のグループワークで苦しくなってしまいました。小学生のときのことを思い出し，また同級生に迷惑をかけてしまうかもしれないと思ったのです。保健管理センターの看護師さんに相談したところ，授業に関するサポートをしてくれる支援室を紹介され，週に一度の面談をしてもらうことになりました。実験実習のとき，毎回違うメンバーとグループを組むことになり，落ち着いて周囲を眺めてみると，他の人たちも初対面では緊張したり，気を使って話しかけたりする様子が見えました。緊張するのは私だけではなかったのですね。

　支援室の面談では，気持ちが混乱したときの対処法を教えてもらいました。たとえば，パニックになったときは，気持ちをフローチャートで整理すると考えが整理されて落ち着くことができることを発見しました。「20 の私」というシートで自分のことを振り返っていくと，ネガティブなことばかりではなく，自分には良いところがあることに気づくことができました。ここでの自己分析は，就職活動の自己PR を書くときに役に立ちました。

《就職活動》

　3年生から大学の公務員講座を受けました。一人でコツコツ取り組むような就職活動のための勉強は好きですし，点数が目に見えてよくなっていくので，やる気も出ました。

　ところが，採用試験では筆記試験は合格するのですが，面接でうまく応えられず不採用となってしまいました。面接への恐怖心が強くなり，就職活動を続ける精神状態ではなくなってしまいました。大学の研究はとても充実していたのに，対人関係のつらい体験が走馬灯のように頭に浮かんできて，人とのコミュニケーションが怖くなり，「このままでは自分は社会に出られないかもしれない。いくら自分に得意なことがあっても，人とのコミュニケーションが苦手だと，社会人になれないのか」と，大きな不安を感じてしまいました。

《卒業後の就職活動》

　卒業後はハローワークや障害者職業センター，発達障害者支援センターを利用し，障害者雇用枠で就職活動をすることになり，就労移行支援事業所リエゾンで訓練を受けることにしました。早く就職して，両親を安心させたいと思う気持ちが強かったので，自分の弱点への配慮をしてもらえる就職をしたいと考えたからです。

　最初は，簡単なことで失敗してしまう自分が許せず，働ける体力もないのではないかと不安になることもありましたが，その都度，支援室の西村先生と話し合い，不安を解消していきました。たとえば，「簡単なことを失敗してしまう」ことに関しては，話し合う中で，「難しいことに挑戦するほうが，仕事へのモチベーションを維持することができるが，単純な仕事は仕事に関係のないことを考えてしまうので失敗する」ということに気づきました。簡単な仕事もできない自分は社会人に慣れないと思い込んでいたのですが，自分の特性に合った仕事を選べばよいことに気づいたのです。

　リエゾンでは，施設外就労も体験し，会社からの良い評価を得て，仕事をすることへの自信が少しずつついてきました。自分の強みを生かした仕事を探すために，資格取得の勉強も始めました。ここでの二年間で，「私はコミュニケーションに関しては心配ですが，仕事をきちんとすることで会社に貢献したい」という気持ちを持つことができました。

《働き始めて》

　難しいことに挑戦するほうが，モチベーションを維持することができるという考え方は，私の仕事への自信となりました。施設外就労体験をいくつか挑戦し，就労移行支援事業所リエゾンの中山肇所長と何度も振り返りを行いながら，今の会社に就職することができました。得意な能力を正しく評価していただき，苦手な電話対応を免除するという合理的配慮を受けての就職でした。

　職場には，直接仕事のアドバイスをくれる人と，仕事以外のことを相談できる人がいます。社長も時々職場を回って，声をかけてくれます。いろいろな不安材料はありますが，上司からのちょっとしたアドバイスと励ましがあると元気になれます。自分の良さを評価してくれたこの会社に貢献したいと思います。働き始めて1年たって，「これからも，こんな感じで働いていけるかな」と思えるようになりました。ちょっとした不安は，西村先生に面談してもらったり，仕事帰りにリエゾンに立ち寄って，中山所長に話を聞いてもらったりしています。中山所長は時々会社に顔を出してくれるので，安心して仕事に向かうことができます。

　私は疲れを自覚しにくいようです。気分が落ち込むときは，中山所長や西村先生と話をするのですが，単純に疲れがたまっているだけのときがあります。そういえば，休日も仕事の緊張感が続いているときがあります。

　会社にはWLB（work-life balance）という考え方があって，有給休暇を取ることを推奨されています。私は休みを取ることができないタイプなのですが，定期的に休暇を取り，電車の一人旅をしています。時刻表を見ながら，ずっと行きたかったローカル線の旅に出かけています。小さな駅に立ち寄り，地図を片手に駅周辺の様子を見て回ります。体は疲れますが，心が元気になれます。これがリフレッシュするとか，疲れをリセットするということなのだと実感します。

　今は新型コロナウイルス感染症のために，旅行は控えています。そろそろ，一泊旅行をしたいと思っていたところなので，とても残念です。公共交通機関にも大きな影響があったこの出

来事は，私にとっても大きな心配事です。一日も早く，電車の旅ができる日が来ることを願っています。

《支援者から─西村優紀美─》

　ユカリさんは，優秀な成績で大学を卒業しました。定期的な面談を通して自己肯定感が高まってきたのですが，就職試験の面接で大きな挫折を味わうことになります。就労移行支援事業所リエゾンの中山所長との出会いにより，改めて自分の良さを見つけ，ユカリさんの得意な能力を評価してくれる会社に就職することができました。

　本当に安定して働けるまでには，1 年ほどかかりました。ちょっとした失敗が，「辞めさせられるのではないか」という恐怖に結び付いてしまうからです。ユカリさんの良いところは，相談してアドバイスをもらおうとする態度です。自分の考えに固執せず，他の人の意見に耳を傾け，修正する力を持っているところが素晴らしいと思います。

カズヨさん（卒業生の母親）の自己物語

《幼少期から思春期にかけて》

　初語は若干遅かったものの，一歳半健診や三歳児健診では特に引っかかることもなく順調に成長しました。ただ，硬い素材の洋服を嫌がったり，身体の特定の箇所を触られるのを嫌がったりするので，兄妹よりも神経質なのかなという印象を持っていました。

　絵本の読み聞かせをよくしていたのですが，ストーリーよりも絵に関心があるように思えました。私の中にモヤモヤ感がずっとあったことを覚えています。

　中学校時代は，「僕の反抗期はいつ来るのかな？」と訊かれ，笑ってごまかしていました。発達障害者施設に勤務している友人から「きわどいグレーゾーンではないか」と言われたことがありますが，受診することはありませんでした。高校生のときは，本人から「女子の顔と名前を覚えられない」と聞きましたが，それほど気にすることでもなかったように思えます。理科クラブに所属し，数名の友人と研究活動に精を出していて，充実した学校生活を送っているように見えました。学校生活全般を通じて，運動はあまり好きではなく，特に球技は苦手だったようです。ジグソーパズルが好きで，絵を描くことも得意でしたが，手先は器用ではなかったと思います。また，団体行動も苦手だったと思います。

《大学時代》

　「化石をやりたい」という希望があり，富山大学理学部を受験し合格することができました。これまでの心配は気のせいと思いつつ，大学の HP に出ていたアクセシビリティ・コミュニケーション支援室にモヤモヤした気持ちを相談しました。支援室の方から，「診断がなくても修学で困ったことが出てきて，本人からの相談があれば，すぐに対応します」との返事をもらい，ほっとしたのを覚えています。

　入学後はサークルに入らず，学科内の同級生の顔を覚えることができず，メールをする相手

もいなかったようです。2年生に進級したものの，研究対象として化石の勉強や調査をする意欲がなくなったと言い，2年生が終わったタイミングで半年間の休学をしました。その間，インドや沖縄を旅したり，地元のテレビ局でアルバイトをしたりして，比較的元気に過ごしていました。

　大学4年生のときに，ゼミに参加せず，アパートに引きこもっているとのことで，支援室から連絡がありました。順調に修学できていると思っていたので，大変驚きました。話を聞くと，卒論に関係する英語の課題ができず，その頃から行動が止まり，食欲がなくなり，気づけばカーテンを開けることもなく，そういう状況に本人が鬱ではないかと危機感を持ち，指導教員に相談，そして支援室につながったのでした。

　その後，病院を受診し，自閉スペクトラム症の診断が出て，正式に支援室での面談が始まりました。

《家族面談》

　支援室には，一か月に一回の家族面談をしていただきました。修学に関しては指導教員の先生と支援室に配慮について検討していただきましたが，家族としては生活面のサポートができると思いました。定期的に本人のアパートを訪れ，食材を準備したり，部屋の掃除をしたりして，環境を整えることを心がけました。生活面の支援は親の役割だと思っています。

　面談では修学の状況を細かく教えていただきました。本人の卒論への取り組み状況や実際に本人が作成したレポートを見せてもらい，改めて本人の特性を目の当たりにしました。それまでは，「指導教員がちゃんと見てくれていないのでは？」と思うこともあったのですが，レポートの書き方がまったくわかっていないし，貼り付けた図が曲がっていたり，縮尺が統一されていなかったりしていることを知り，これでは卒論にならないと実感しました。

　家族としては本人の大学卒業を目指したいという願いを尊重し，まずは「卒業すること」を目指し，しっかり卒論に取り組めるように見守っていくことにしました。

　就職活動は卒業後に生活基盤を地元に戻して本人の意思を確認しながら，障害者雇用枠を視野に入れて行うことにしました。その際，支援室が地元の就労支援機関と連絡を取り，連携してサポートすることを提案してくださいました。支援室の面談では，親としての些細な思いも受け止めていただき，そのたびに気づきを持ち帰ることができました。

《家族の理解と変化》

　支援室での面談の内容については，その都度父親や兄妹にも伝えました。息子の状況を父親に伝えたとき，父親は「病気なのか，それとも，自分たちの育て方が悪かったのか」と悩んでいました。面談の都度，息子の状況が好転してきたことを伝え，さらに発達障害関連の本や番組を一緒に見て，少しずつ理解を深めていくことができました。兄妹への説明は，「診断がついたけれど，本人はこれまでと変わらないのでいつも通りでいいよ」と伝えました。兄妹はこれまでと変わらず接していましたが，気にかけて見守ってくれていたと思います。発達障害を特集したテレビ番組を見て，「似ているところがあるね」と理解を示すようにもなっていきま

した。また，地元の発達障害の勉強会や親の会にも積極的に参加して，家族で発達障害について勉強するようになりました。家族で穏やかに話し合えるようになったのも，支援室のご支援があったからこそだと本当に感謝しかありません。息子の存在で，周囲にいる「発達障害かもしれない人」に穏やかに対応できるようになったのも私たち夫婦の変化です。

《卒業後のこと》

卒業後，すぐに就労支援機関から紹介があり，7月から障害者雇用枠で勤務を開始し，1年後に正規雇用となりました。勤務内容は，30名ほどいる開発部門に所属し，業務は開発アシスタントです。大学時代に使っていたデジタルマイクロスコープを使用する業務だったことで本人の不安も軽減したようです。

上司や同僚は本人の特性を理解し，業務においては仕事のリストを作成してくれたり，細やかな声掛けもしてくれたりしています。飲み会にも毎回参加していて，同僚からは，映画好きなことを知って，「おすすめの映画を教えてほしい」と頼まれるなど，親しくしてもらっています。

休日は月に5～6本ほど映画を鑑賞し，自分なりの評価を記録しています。新型コロナウイルス感染症が流行する前には，中学校時代の友人6名と北海道旅行をしてきました。この友人たちには，自分から発達障害であることや障害者雇用で就職していることを伝えているそうです。

私たちのささやかな体験をお伝えさせていただきました。大学生になって初めて発達障害があることがわかり，支援室のサポートを受けながら，たくさんのことを家族で話し合いました。そういう体験をした私たちから，皆さんへのメッセージを最後に伝えたいと思います。

・本人には，どうしたらいいかわからないときは，話せる場所と話せる人がいることを伝えてあげてください。
・家族も，「こんなことを話してもいいかな」というレベルの悩みでも，相談機関を利用しましょう。
・本人の意思を尊重して，お互いに困りごとを確認し，そして相談しましょう。

《支援者から―日下部貴史―》

カズヨさんの息子さんは4年生のときに，指導教員から支援室に連絡があり，「課題ができない，卒業研究の計画が立てられずゼミに欠席する，呼び出しても連絡が途切れてしまう」等の相談があり，支援を開始した学生です。面談の内容や行動観察等から発達障害特性があると考え，保護者からの聞き取りを行いました。保護者は幼少期から発達障害があるのではないかと思っており，すぐに病院を受診することになったのですが，その際，発達検査（WAIS-Ⅲ）の結果と修学状況を記録した紹介状を作成して，病院を受診してもらい，自閉スペクトラム症の診断が出ました。

その後，受診結果をもとに指導教員と本人の修学に対する合理的配慮の在り方を検討し，卒業研究においても打ち合わせを通して進捗状況を確認しながら，密に情報共有を行いました。

また本人との面談を継続し，卒業研究におけるスケジュール管理（可視化）のサポートや困ったときの対処法を，その都度一緒に考え，本人の実行を支えていきました。

　その後，本人は無事に卒業研究を完成し，卒業が決まりました。卒論が完成するまでに，1年半かかりました。卒業後は地元に戻り，就職活動を行うことになったのですが，就職活動においては，本人の意志を尊重しながら，一般雇用と障害者雇用の両方を視野に活動を始めました。最終的には，本人・保護者と話し合い，支援室と地域の就労支援機関が連携し，障害者雇用枠での就職が決定しました。2020年現在，本人は働き始めて，約2年が経過。職場にも慣れ，順調に仕事を続けています。

ソルト（ハンドルネーム）さんの自己物語

　私はソルトといいます。自閉スペクトラム症の当事者として公にカミングアウトしていませんので，ハンドルネームでソルトという名前を使って活動しています。私自身のこれまでの人生についてお伝えしたいと思います。

　自己紹介をします。私は小学校中学年の頃から，なにか周りと違うという感じは持っていました。同じように振る舞っているつもりでもなにかずれがあるような感じをずっと抱いていたように思います。

　社会に出てから泉流星さんの『地球生まれの異星人』という本を読み，内容が自分の感じ方とか受け止め方にとても似ているという不思議な感覚を覚えました。そして，主治医に，「自分は自閉スペクトラム症ではないかと思う」と相談をしたところ，正式に診断をもらいました。私が27歳のときでした。

《ハンドルネームについて》

　ハンドルネームを「ソルト」とした理由は，旅行とグルメが好きなので決めました。私は海外旅行が好きで世界37カ国を回りましたが，言葉が分からない国で食事をしているときに塩は世界に共通する調味料の一つであることに気がついたと同時に，同じ塩でも味・形・色が違うことに気がつきました。言い換えれば，「塩」と一言で言っても産地や精製方法などが違うことで個性を持つことに気がつきました。また，たとえば，日本だと「お清めの塩」といって玄関にまいたり，大相撲でも土俵に塩をまいたりします。キリスト教でも「地の塩」という言葉が出てくるように比較的縁起の良い言葉でもあることから，ハンドルネームを「ソルト」としました。

《小・中学校でのトラブル》

　私は小学生の頃から，自分流の見方を中心に振る舞っていて，それが結果的にいわゆる人の揚げ足をとったり，自分のことを自慢したり，相手の気に入らないことをストレートに口に出したりすることになっていました。自分の言動が相手にどのように受け取られるかを想像することがなかったように思います。

　例を挙げたいと思います。私は算数のテストで100点を取ったとき，80点を取った子に対して，「そんな問題もわからないの？」と言ってしまいました。悪気もなく，事実を言っただけであり，相手の子を見下すつもりはなかったですし，単純に思いついたことを言葉にしただけでした。ところが相手は非常に傷つき，後で私に暴力を振るってきました。

《トラブルの解決の方法について》

　いじめやトラブルはその都度，担任の先生に報告していました。先生はいじめた方を注意してくれたのですが，私に対しては何も言いませんでした。このことで，私は自分が悪くない，悪いのは相手の方だという気持ちが強くなっていきました。私の行動はますますエスカレートし，状況はどんどん悪くなる一方でした。ひょっとすると，私は周囲の人から注意をされていたのかもしれません。でも，「ちゃんとしなさい」とか，「相手の嫌がることを言ってはいけません」と言われても，「ちゃんと」というのはどういうことか，「相手の嫌がること」とはどういうことかがわからないので，自分がなぜ攻撃されるのか，自分が何をどう直せばよいのかがわからないままだったと思います。

　このようなことが何度も起きると，徐々に周囲の人たちは私から遠ざかり，いじめの対象にすることもあったと思います。私は自分の言動が相手にどのような影響を与えるのか想像することができなかったので，なぜ周囲の人たちにとけ込めないのか，自分では気をつけているつもりなのになぜ浮いてしまうんだろう？　なぜ仲間はずれになるんだろう？　と不思議な気持ちでいっぱいでした。

　もしこのようなトラブルがあった場合，いじめる側への注意だけでなく，私に対しても，①どうしてトラブルになったかを聞く，②状況を客観的に整理する，③相手の気持ちを代弁する，④具体的にどうすればよいかを教える等のステップを踏んで，指導していただきたいと思います。

　そして，「はい」と返事をしても納得していない場合は返事だけでわかっていない場合もあります。ですから，本当に理解したかを各ステップで確認するようにしていただきたいのです。このような個別的で具体的なアドバイスがあれば，私も少しずつ自分の行動を修正し，少しはみんなとうち解けていくことができたのではないかと思います。

《高校時代》

　中学校でのいじめや人間関係の問題が私の心のかなりのウエイトを占めていたので，高校はいじめのない学校を選びたいと思い，学則が厳しい私立高校を選びました。ずっと課題であった人間関係についてですが，なんとか友だちを増やしたい，人間関係をよくしたい，鍛えれば何とかなると思い積極的に取り組みました。クラブ活動は，人間関係を中心に学びたいという気持ちも強かったので，そのために入ったというのが本音でした。バードウォッチング同好会では，キャンプをしたり自然の中を散策したりしたのですが，メンバーと話しながら行動するのではなく，自分だけの興味でどんどん突っ走っていったように思います。ブラスバンド部では，ずっとピアノを習っていたので絶対音感もあり，初めての楽器であるクラリネットも

余裕で上達しました。ところが練習をそれほどしなくてもうまくなってしまうので暇をもてあましてしまい，楽器をうまく演奏できない人の前に立って，失敗したときに，スーパーマリオのゲームで死んだときに流れるメロディーをならしたのです。面白半分でやっていたのですが，今から思えば，とても傷つくことをしていたと思います。そのときは，相手がどんな気持ちになるかということにはまったく無関心で，自分がこうしたいと浮かんだ考えを留めておくことができず，すぐに行動に移してしまうことが多かったと思います。こんな調子でしたから，高校でも自分だけ浮いてしまい，なかなかみんなと溶け込むことができず苦労しました。

　高校ではだんだんと勉強面が難しくなり，教科による得意不得意も出てきました。2年生から理系クラスに入ったので，数学，化学は得意な分野として良い成績を取ることができました。私は数学が得意だったので，わからない生徒に教えることができました。何人もの人に教えているうちに自分も確認できたことがたくさんありました。一緒に学ぶことができて嬉しかったし，仲良くできたことがとても嬉しく思いました。

　苦手な教科は，国語と体育でした。国語の現代文で作者の考えを書きなさいという設問や，どういうふうに感じたかという設問では間違いが多かったです。自分としては感じたことをありのままに書いているし，作者はこういうふうに思っているだろうと考えて書いているつもりなのに，ことごとく間違いで，自分では「正しいと思って書いているのになぜ違うの？」という感じでした。後で解答を読むと，「あっ，こんな考えもあるのか！」というように，正解と自分の考えに大きなズレを感じました。今から思えば，読解問題は解説が欲しかったです。自分の解答と正解を照らし合わせ，納得しながら問題をこなしていけば良かったと思います。また，美術の時間の自由なテーマ，つまり自分でテーマを決めて自分で好きなものを描くという課題では非常に困りました。これを描きなさいとか，何かを見て同じものを描きなさいというように具体的に描く対象があるものは描きやすいのですが，創造性が必要なものは非常に苦労しました。

《欲しかった支援》

　学校生活では，いじめを受けることで私はエネルギーが吸い取られ，だんだん無気力になっていきました。勉強にも身が入らなくなり，何事にもやる気を失いがちになったことは，今思うと非常にもったいないことだったと思います。そういうことを防ぐためにも，相談室など駆け込み寺のような拠点があれば良かったと思います。そして定期的に話をする機会を作るのです。何かあったらではなく何もなくても状況を伝える機会を作るといいと思います。

《大学生活》

　大学に入学後，保健管理室の看護師であるゆうこ先生（仮名）を訪れ，「自分を普通の人間に変えたい」と申し出て，週1回の面談を受けることになりました。主に，学生生活で困った点などを相談し，そのうちに自分自身のことや自分の周囲で起こっていることなどの相談もしていきました。当時はお互いに「自閉スペクトラム症」という言葉そのものを知らなかったので，なぜうまくいかないんだろうという気持ちを持ちながら相談していました。

　しかし，ゆうこ先生と出会えたことで私は大きく変わることができました。相談した期間は大学1年生から大学院修士課程が終わるまでで，卒業までずっとお世話になりました。

　たとえば，冗談についてですが，冗談を言われたことがわからず，言われた言葉がすべて本当だと真に受けてしまうのです。たとえば，だれかに「ばかだなあ」と言われたら，本気で「ばか」と言われたと思ってしまい，相手がふざけているとか冗談を言っているという感覚はありませんでした。

　一つ一つのことを積み重ねて，「こういう場合はこうする」という具体的な助言を受けて，少しずつ社会性やコミュニケーションの力をつけていきました。面談で学んだことを同じような場面で生かしていくことができればいいと思ったし，一つ一つ習ったことを身につけていく，生活の中に取り入れていくという姿勢をゆうこ先生との面談を通じて学びました。

《大学で生かせた特性》

　日常的なこととは別に，学問の上では非常に良かったことがあります。私は小さい頃から，「気象」，「海洋」，「天気予報」など，自然科学全般に興味がありました。大学はその興味の延長線上の学部に入学することができました。だからこそ，自分自身の特性が生かせたのではないかと思います。自閉スペクトラム症の特性の一つに，狭い分野ではあるが，自分の興味・関心のあることはとことん学ぶことができるといわれています。私にとってはそれが自然科学だったのです。大学入学前までも気象や海洋について趣味の範囲で勉強していたのですが，それを実際に大学で学問として学ぶことができました。大学の学問は狭くて深いという特徴があると思いますが，強引な言い方かもしれませんが，私のような自閉スペクトラム症の特性にはぴったりするような気がします。

　高校までは書物による勉強でしたが，大学では実験や数式，論理的に証明するような目に見える形で授業が行われ勉強することができたので，非常に興味を持つことができ，おもしろみを感じることができました。言葉だけでわかっていたこと，たとえば天気予報で，「低気圧は西から近づいて東に向かう，西から天気は崩れていくけど回復も西から」という場合，文章だけだと，「なぜ西から東なのか？　南から北はないの？」と疑問に思うことがあったのですが，大学では実験や数式から証明することができて，「こういうことだったんだ」という新鮮な気持ちになれました。ゲーム感覚で勉強をしていましたし，レポートを書くのもぜんぜん苦にならないし，授業や試験も苦にならなかったと思います。自分の関心事と学問が一致し，進んで勉強したいという気持ちが強かったのです。

《仕事》

　私は経理の仕事をしています。自分の好きなことと社会のニーズが一致するところを見つけることができ，そこを伸ばしていこうと思い，経理の仕事に就くことにしました。大学時代は自然科学だったので，まったく違う分野でしたが，簿記の資格を取り徐々に経理の仕事をやっていこうと思うようになりました。決めた理由は，自分の苦手なコミュニケーションの場が比較的少ないこと，自分の好きな数字のデータ分析や考察など数字を扱う仕事であることです。

私は1円たりとも違うのが嫌で，非常に几帳面な性格なので経理のような仕事に合っていると思いました。経理の仕事はいろいろで請求業務や売り上げ業務，そして，それを元に会社の経営成績を作るデータ作成の仕事を任されています。ずっと数字が相手ですし，大学時代のデータ分析の経験を生かすことができるので，本当に自分にあった仕事だと思います。

《趣味》

―相撲―

　同居していた祖母が相撲が好きで，小学生の頃から祖母の部屋のテレビでずっと相撲を見ていました。千代の富士が出ていた頃には毎日相撲の取り組みを見ていて，当時は優勝力士の順番や成績について自然に憶えてしまい，たとえば取り組みを出されたら，「何年何月場所の何日目の誰と誰の取り組み」と即座に言えるまでになっていました。今でも相撲が好きで25年以上前から九重部屋の後援会に入って，地方巡業では正面溜まり席の最前列で見るくらいはまっています。中学校の頃，「相撲なんか見てるの？」と言われたこともありましたが，相撲が好きなことで話の幅が拡がったと思うので，大切にしていきたいと思っています。

―海外旅行―

　もう一つの趣味は，海外旅行です。南米に9回行きましたが，そのうちの4回はコロンビアに行きました。実際に現地に行くと非常に町が元気で活気に満ちた国です。皆が子どもたちを中心に生き生きとしているのです。生活が大変にもかかわらず，心が豊かでみずみずしい。私が旅行の疲れで元気がないときでも，「一緒にゲームしよう！」とか，「どこからきたの？」と近寄ってきてくれるのです。一緒に時間を過ごそうとしてくれる気持ちが伝わって，「ありがとう」という気持ちになれ，お金では計れない豊かさをいただくことができました。

　旅行する前には，事前に行く国の国歌や民族音楽などをピアノで弾けるようにして行きます。現地にロールピアノを持って行き，音楽を披露することで言葉が通じなくても皆と楽しい時間を一緒に共有することができるからです。

《今後の活動―仕事―》

　今後も経理の仕事をがんばっていきたいと思います。もちろん，生活をしていくためなのですが，それ以外の理由として，「自分ができる仕事であること」つまり対価を得ることができる能力の一つが私にとってはたまたま経理だったと思っています。そうであれば，それを続けていくことが大切だと思っているのです。これからも，会社員でありながら当事者として，皆様方に自分のことを伝えることができればと思っています。それが自分自身の励みになっていますし，この立場を大切にしていきたいと思っています。

《地の塩》

　仕事や仕事以外ということに関係なく，私のハンドルネームのソルトについてお話したように，まさに「地の塩」になれるように頑張っていきたいと思っています。地の塩とはキリスト教の言葉で，「神を信じる者は腐敗を防ぐ塩のように人の心や社会の循環の模範であれ」という意味があるということです。私自身，当事者の一人として，「地の塩」を目指していきた

いと考えています。

　これまでに私が海外旅行先で撮ってきた写真の一部を紹介します。

《支援者から―西村優紀美―》

　ソルトさんには，障害告知を受けた直後に，ある学会でお話を伺い，それ以来，支援室の発足直後から多くのことを教えていただきました。ここに紹介したソルトさんの語りは，支援室

写真11-3　インドの階段井戸：幾何学模様
　　　　のように感じ，感動

写真11-4　ニュージーランド：氷河の中か
　　　　ら入り口を撮った写真

写真11-5　南米ペルーのマチュピチュ

写真11-6　富山県氷見市から見た富山湾越し
　　　　の立山連峰

写真11-7　ノースカロライナ州ウィルミント
　　　　ンのビーチで見た貝

の HP の e-ラーニングコンテンツとして掲載しています。当事者の語りは，支援を行う上で非常に多くの示唆を与えてくれます。「発達障害のある人」を外側から眺めるのではなく，まずは，語りの中から見えてくる心の動きを，当事者の視点から眺めるのです。一生懸命に生きてきた人生の営みに耳を傾けてみると，何をどのように支援する必要があるのかが見えてきます。そのことを教えてくれたソルトさんの語りでした。

　途中，富山大学医学部博士課程で研究活動を行い，筆者がコミュニケーションサポートをしていました。ソルトさんは，「私はコミュニケーションに不器用なところが多いですし，要領の悪いところも多いのですが，本当は友だちが欲しいし人間関係を拡げたい，人脈をつないでいきたいという願いも強いのです」という言葉は，自己理解を重ねながら，豊かな人間関係を築きたいという強い願いを感じます。

　ソルトさんの語りは，以下の URL から e-ラーニングのコンテンツを視聴することができます。

http://www3.u-toyama.ac.jp/gp07/contents/salt/asp_salt.html

あとがき

　私が富山大学において発達障害のある学生の支援を始めてから2020年で15年の月日が経ちました。前勤務校の金沢大学教育学部附属養護学校（現 金沢大学附属特別支援学校）では，主に知的障害のある自閉スペクトラム症の児童の教育に携わっていました。言語表現が難しい子どもたちと，どのようにコミュニケーションをとっていくか，子どもたちの興味関心をどのように学びにつなげていくかが，私の教師人生において最大の関心ごとであり，やりがいであり，楽しみでもありました。

　私が特別支援教育に別れを告げたのは1995年のことです。その後，大学の学生相談の場に身を置くことになり，その後，2007年にトータルコミュニケーション支援室（現 アクセシビリティ・コミュニケーション支援室）の立ち上げに関わり，現在は支援室長として障害学生支援に携わっています。

　発達障害のある大学生との面談は，私にとって貴重な時間でした。前職では言葉での表現が難しい児童を対象に教育をしていましたが，大学生は自分の体験を言葉で伝え，自分の思いを表現することができます。言葉で伝えてくれることの喜びを感じながらも，「私は学生の本当の思いを受け止めているのだろうか」という不安もありました。そんなとき，保健管理センター長であった斎藤清二先生のレクチャーと面接のロールプレイが，私にとって発達障害のある学生支援の道しるべとなりました。斎藤先生の著書である『はじめての医療面接——コミュニケーション技法とその学び方』（医学書院）は，医師を目指す人向けの内容ではありますが，初回面接から始まり，話のどこに焦点を当てていくのか，その意味は何か等，コミュニケーションを丁寧にとりつつも，必要な情報を的確に聴き取っていく方法を学ぶことができました。学生との面談の流れに関する大まかなシナリオを描きながら，個々の学生との面談を進め，支援に必要な情報を得ていくプロセスは，学生のニーズに合った支援を可能にします。支援者だけが情報を得るためだけの面談ではなく，学生が自分自身の現状を把握し，工夫や配慮内容を検討していくための情報の整理と方向性の確認を行うための面談となるのです。このことは，大学内の修学支援に限定されるものではなく，卒業後のさまざまな環境の中で，自分自身の人生を歩んでいくために必要なセルフマネジメント力となり，身についていくものだと考えます。

　私は学生の支援を俯瞰するとき，自分自身の「人との向き合い方」はどうなんだろうかという思いに立ち戻ることがあります。特に，援助職として働いているときに「目の前にいる人にとって，私はどういう存在なのか」ということを頭の片隅に置きながら対話を進めています。同時に，「もし，私が目の前にいる人の立場だったら，援助職にどうあってほしいのか」ということも考えます。私が，「私」と「あなた」を行き来するような感覚です。前職と対象となる人は異なりますが，「どのようにコミュニケーションをとっていくか」という姿勢には変わりはありません。まえがきでも述べましたが，二者間のコミュニケーションは，対象となる人

のコミュニケーション能力だけに委ねられるのではなく，「私」自身のコミュニケーション能力も試されていることを忘れてはなりません。

　本書は，支援者側の考えや思いに加え，対象となる発達障害のある人の語りを多く紹介しています。関係性自体がコミュニケーション支援になるという思いで，自分自身の在り方を常に問いながら，支援の意義と支援方法について，多彩な立場の方に実践を紹介していただきました。一人の人の体験や語りが誰かの思いと重なり，一人ひとりの語りにつながっていくことを願っています。本書は多くの学生・卒業生の方々がインタビューに応えてくださり，執筆についてのご了解もいただきました。ご自身の体験が，少しでも他の発達障害のある方々の参考になってくれればと言ってくれる卒業生もいました。

　執筆をお願いした方々は，大学で発達障害のある学生支援を展開する上での心強い仲間であり，既存の考え方や支援方法にとらわれない新しい支援のカタチを教えてくださった方々です。心より深く感謝申し上げます。

　本著の出版にあたって，ハードな日程にもかかわらず快く企画を受け入れ，プロとしての立場からより適切なアイディアを提案してくださった金子書房編集部の井上誠様には，深く感謝いたします。

2021年1月

西村優紀美

◎執筆者紹介（執筆順）

西村優紀美（にしむら・ゆきみ）　編者
（まえがき，第1章，第2章，第3章，第4章，第9章，第11章，あとがき）

柴田礼子（しばた・れいこ）
公益社団法人難病の子どもとその家族へ夢を 理事
（第4章，第6章）

佐藤秀嗣（さとう・ひでつぐ）
（前）富山大学 アクセシビリティ・コミュニケーション支援室 コーディネーター
（現）福岡市立小学校教員
（第5章）

永坂晃子（ながさか・あきこ）
金城大学社会福祉学部准教授
（第7章）

日下部貴史（くさかべ・たかし）
富山大学 教育・学生試験機構 学生センター アクセシビリティ・コミュニケーション支援室
コーディネーター／特別支援教育士
（第8章，第11章）

中山　肇（なかやま・はじめ）
NPO法人リエゾン 障害者就労移行支援事業所リエゾン 所長
（第9章）

佐藤秀明（さとう・ひであき）
一般社団法人みやぎ青少年トータルサポートセンター 顧問／みちのく茗荷村 村長
（第10章）

［所属・肩書は執筆時］

◎編者紹介

西村優紀美（にしむら・ゆきみ）
富山大学保健管理センター准教授，富山大学教育・学生支援機構学生支援センター副センター長，アクセシビリティ・コミュニケーション支援室長。
金沢大学大学院教育学研究科障害児教育専攻修了。教育学修士。1985年より金沢大学教育学部附属養護学校勤務を経て，1995年富山大学保健管理センター専任講師。
2000年，助教授，2005年に准教授。2010年，学生支援センター・アクセシビリティ・コミュニケーション支援室長兼任。2015年より富山大学教育・学生支援機構学生支援センター副センター長を兼任し，現在に至る。
（一社）全国高等教育障害学生支援協議会理事，（独）日本学生支援機構障害学生修学支援ネットワーク事業委員，（独）高齢・障害・求職者雇用支援機構障害者職業総合センター発達障害学生就労支援研究委員会委員，日本LD学会特別支援教育士S.E.N.Sの会石川会長，日本学校心理士会北陸支部長。
主な著書として，『発達障害のある看護職・看護学生支援の基本と実践』（共著）メジカルビュー社（2020年），『高等学校における特別支援教育の展開』（共著）金子書房（2020年），『臨床発達心理士 わかりやすい資格案内［第4版］』（共著）金子書房，『よくわかる！ 大学における障害学生支援』（共著）ジアース教育新社（2018年），『2E教育の理解と実践』（共著）金子書房（2018年），ほか多数。

発達障害のある生徒・学生へのコミュニケーション支援の実際
修学から卒業後の支援まで

2021年3月31日　初版第1刷発行　　　　　　　　　　［検印省略］

編著者　西 村 優 紀 美
発行者　金 子 紀 子
発行所　株式会社　金 子 書 房
　　　　〒112-0012　東京都文京区大塚3－3－7
　　　　電　話　03-3941-0111㈹　FAX 03-3941-0163
　　　　振　替　00180-9-103376
　　　　https://www.kanekoshobo.co.jp
印刷／藤原印刷株式会社　　製本／一色製本株式会社